ENCONTRO COM DEUS NA LITURGIA

Coleção Tabor

- *Celebrar a Eucaristia: tempo de restaurar a vida* – Valeriano Santos Costa
- *Encontro com Deus na liturgia* – Valeriano Santos Costa
- *Liturgia das Horas: celebrar a luz pascal sob o signo da luz do dia* – Valeriano Santos Costa
- *Tempo e canto litúrgicos* – Bruno Carneiro Lira

Valeriano Santos Costa

ENCONTRO COM DEUS NA LITURGIA

Dados Internacionais de Catalogação na Publicação (CIP)
(Câmara Brasileira do Livro, SP, Brasil)

Costa, Valeriano Santos
Encontro com Deus na liturgia / Valeriano Santos
Costa. – São Paulo : Paulinas, 2010. – (Coleção tabor)

ISBN 978-85-356-2640-7

1. Comunidades cristãs 2. Igreja Católica - Liturgia
3. Palavra de Deus (Teologia) I. Título. II. Série.

10-04277   CDD-264.34

Índices para catálogo sistemático:
1. Liturgia da Palavra de Deus : Cristianismo   264.34
2. Palavra de Deus : Liturgia : Cristianismo   264.34

Direção-geral: *Flávia Reginatto*
Editores responsáveis: *Vera Ivanise Bombonatto e Antonio Francisco Lelo*
Copidesque: *Maria Goretti de Oliveira*
Coordenação de revisão: *Marina Mendonca*
Revisão: *Ruth Mitzuie Kluska*
Direção de arte: *Irma Cipriani*
Assistente de arte: *Sandra Braga*
Gerente de produção: *Felício Calegaro Neto*
Capa e diagramação: *Manuel Rebelato Miramontes*
Fotos: *Arquivo Paulinas*

Nenhuma parte desta obra pode ser reproduzida ou transmitida por qualquer forma e/ou quaisquer meios (eletrônico ou mecânico, incluindo fotocópia e gravação) ou arquivada em qualquer sistema ou banco de dados sem permissão escrita da Editora. Direitos reservados.

Paulinas
Rua Dona Inácia Uchoa, 62
04110-020 – São Paulo – SP (Brasil)
Tel.: (11) 2125-3500
http://www.paulinas.org.br
editora@paulinas.com.br
Telemarketing e SAC: 0800-7010081
© Pia Sociedade Filhas de São Paulo – São Paulo, 2010

Prefácio

A liturgia é, antes de tudo, um momento sagrado de nossa subida ao Tabor para realizar o encontro com o Senhor.

Por isso ela precisa ser munida de toda a beleza possível que possa representar a cena que Pedro, Tiago e João vislumbraram como uma visão única e antecipada do mistério do Cristo glorioso. O desejo que brotou neles, ou, quem sabe, tentação, foi esquecer o dia a dia e ficar sempre naquela realidade inusitada e transcendente. Porém, o Cristo os encoraja a voltar para as lidas da missão, certos de que o que viram no monte não pode ser esquecido ou relativizado, pois o encontro com o Senhor da Glória, que é o Cristo atual, ou seja, o Ressuscitado para sempre, é o que dá sentido a tudo o que fazemos neste mundo, "pois em Cristo, nós nos movemos, vivemos e somos" (cf. At 17,28).

É exatamente essa realidade que a liturgia nos apresenta, por meio dos ritos sacramentais da Igreja, não para nos tirar do mundo, mas para nos encorajar a assumir a luta redentora de todos os dias.

Por isso, a liturgia é a mais profunda experiência de caráter pessoal e interior que a Igreja vive neste mundo. E, ao dizer Igreja, intui-se que essa profunda experiência do coração não se vive senão comunitariamente, segundo a natureza da celebração do Mistério Pascal, como bem o indicou a Constituição *Sacrosanctum Concilium* sobre a Reforma Litúrgica, do Concílio Ecumênico Vaticano II.

Esta obra tem o objetivo de mostrar como esses padrões se revelam em nossas práticas litúrgicas e como podemos estar seguros de não provocar desvios da sua natureza ritual, tendo como pano de fundo duas afirmações: "Eis que estou à porta e bato: se alguém ouvir a minha voz e abrir a porta, eu entrarei em sua casa e cearei com ele e ele comigo" (Ap 3,20); "a liturgia é o cimo para o qual se dirige a ação da Igreja e, ao mesmo tempo, a fonte donde emana a sua força" (SC 10).

A primeira é uma afirmação do Cristo ressuscitado, que como autor da vida e manifestação absoluta da vitória sobre a morte pede para entrar em nosso coração. A segunda é uma afirmação do Concílio Vaticano II, na Constituição *Sacrosanctum Concilium*, no capítulo que trata da natureza da liturgia. Esta afirmação tem sido tão repetida ao modo de um refrão, que pode ser considerada um axioma. É nesta perspectiva que o leitor é convidado a mergulhar em cada página deste livro

Celebrar o mistério pascal é entrar no movimento da vida

A liturgia é a celebração do mistério pascal de Cristo. Cristo é o "Ungido" de Deus, isto é, o Messias, em hebraico, e Cristo, em grego. Em torno do "Ungido" de Deus se constituíram as Sagradas Escrituras, pois elas anunciam a sua vinda enquanto promessa, no Antigo Testamento, e proclamam, no Novo Testamento, sua presença visível no meio do povo, dando conta do cumprimento da profecia, na pessoa de Jesus de Nazaré:

> Bendito seja o Senhor Deus de Israel,
> porque visitou o seu povo e o libertou,
> e suscitou-nos uma força de salvação
> na casa de Davi, seu servo,
> como prometera
> desde os tempos remotos
> pela boca de seus santos profetas.
>
> (Lc 1,68-70)

A urgência da vinda do Messias está na libertação radical, que somente ele pode realizar na cura das feridas mais profundas que atormentam as pessoas e desarticulam a sociedade, destruindo a riqueza da pessoa humana e obstruindo a possibilidade de uma vivência feliz e culturalmente rica, já que, por causa de tais feridas, a pessoa se torna, ela mesma, causadora da pobreza em todos os níveis. Por isso, segundo Isaías 61,1, a missão do Messias é anunciar a Boa-Nova aos pobres, curar os corações quebrantados, proclamar a libertação aos cativos e, concretamente, libertar os presos de suas cadeias.

Sendo assim, a libertação dos presos é uma ação concreta da proclamação da libertação aos cativos. O cativeiro é uma situação muito mais ampla do que a prisão visível. É, de alguma forma, o cerceamento da liberdade humana, que constitui a nossa principal riqueza. O impedimento da liberdade estabelece o empobrecimento da pessoa, afetando-lhe a própria alma, que é o seu último reduto da liberdade. Por isso, os pobres são, antes de tudo, os "feridos na alma". E as feridas da alma são as mais profundas que os seres humanos carregam. Elas influenciam todas as atitudes e delimitam prisões, muitas vezes invisíveis. Destas, cada um é seu próprio carcereiro e algoz. Estamos falando, portanto, de feridas determinantes, que prostram as pessoas nas "trevas e sombras da morte" (Lc 1,79), apesar dos disfarces e das facetas que tentam escondê-las. O carnaval sempre dura pouco, pois as feridas continuam ali, tão vivas como sempre.

A libertação profunda do ser humano constitui a "libertação da história", senão a história realiza revoluções que alternam os oprimidos e opressores, mas não muda a essência da escravidão, porque não transforma os corações. Por isso, a história na qual o Messias interfere é a história da Salvação, construída a partir do coração. Portanto, trata-se de mudanças que se processam em primeiro plano no interior da pessoa, e, sem dúvida, se externam, provocando transformações profundas e consistentes, porque não criam novos pobres, mas promovem a liberdade em toda a sua amplitude.

O mistério pascal de Cristo, que a liturgia do Novo Testamento celebra, é toda a passagem salvífica de Jesus pela história humana, enquanto Ungido de Deus. Foi o próprio Jesus, que, tomando a palavra na Sinagoga de Nazaré, assumiu profeticamente para si o texto de Isaías, proclamando-se "Messias":

O Espírito do Senhor está sobre mim,
porque ele me ungiu
para evangelizar os pobres;
enviou-me para proclamar a remissão dos presos
e aos cegos a recuperação da vista,
para restituir a liberdade aos oprimidos
e para proclamar o ano da graça do Senhor.
(Lc 4,18-19)

Desde aquele dia, a palavra de Jesus tornou-se o auge da revelação de Deus e o clarão para os nossos pés, no tempo que constitui a história da Salvação. Embora Jesus Cristo seja o mesmo ontem, hoje e sempre (cf. Hb 13,8), Deus se revelou no tempo, por meio de Jesus, considerando que houve o tempo da profecia e da espera (Cristo ontem), o tempo da realização da promessa (Cristo hoje) e o tempo da graça (Cristo sempre). Então, a intervenção de Deus, por meio de Cristo, na realização da promessa, já é o tempo da graça inserido na história, como um sinal que antecipa a vinda vitoriosa de Jesus (Parusia), sem nos tirar ainda da história. Por isso mesmo, se trata de um mistério, velado aos nossos olhos e revelado pela fé. Quando cair o véu que não nos permite ver claramente, seremos totalmente inseridos naquele que é o Senhor de todas as coisas. Somente aí o mistério será desvelado, e o veremos tal como ele é. Nesse dia, ao abrirmos os olhos, despertaremos no "dia eterno", ouvindo a sinfonia mais plena do canto novo dos redimidos e, resgatados do tempo presente, mergulharemos na eternidade.

Quando os cristãos celebram o mistério pascal, proclamam que em Jesus de Nazaré se encontram todos os elementos messiânicos. E, por meio da sua vida e da história que constroem no mundo a partir do coração tomado pela fé, testemunham que Jesus continua operando as libertações messiânicas, isto é, transformando radicalmente as pessoas e a história, pela cura dos corações.

Então, "cumpriu-se o tempo" (Mc 1,15) da espera, dando lugar ao tempo de "ação de graças", as quais constituem a essência da liturgia cristã. Isso implica que, pelos séculos dos séculos, enquanto durar a história, homens e mulheres que acreditam nesta verdade se reunirão para agradecer a Deus por ter enviado o Messias em Jesus. E o fazem comemorando o seu nascimento, sua atuação pública, sua paixão, morte e ressurreição, e a culminância de todo o processo, com o Espírito Santo, isto é, seu mistério pascal. A ressurreição é o ponto focal da identificação de Jesus com o Messias, senão ele teria sido, sem dúvida, um grande profeta, mas somente humano. E o que engrandece ainda mais as ações de graças cristãs é a proclamação, em cada celebração, que Jesus ressuscitado vive gloriosamente não só nos céus, mas também aqui na terra, de forma misteriosa, em nossa liturgia e no testemunho cristão, presença invisível, mas intensa e eficaz, capaz de curar os corações e salvar o mundo. Mistério da fé!

Tudo o que foi dito anteriormente é uma verdade proclamada e celebrada ao longo destes mais de dois mil anos de história cristã. Faz parte daquelas verdades fundamentais que constituem o depósito da fé. O que este estudo traz de novidade é ressaltar que a presença misteriosa de Jesus em nossa vida e, sobretudo, em nossas liturgias, por ser real, possibilita-nos que o encontremos na mesma densidade dos encontros com seus primeiros discípulos, segundo o que lemos nas páginas do Evangelho. E a densidade de um encontro se mede pela capacidade de influência que os lados detêm. Jesus mudou completamente a vida dos seus interlocutores, pois ele "foi um profeta poderoso em obras e palavras" (Lc 24,19). Isto continua acontecendo com a mesma intensidade da primeira hora da evangelização. Em outras palavras, ao celebrarmos o mistério da fé, fazemos presente o Cristo e a sua obra de salvação.

A liturgia é um movimento de expansão interna

Para desempenhar um papel tão relevante, a liturgia cristã só pode ser uma "ação ritual sagrada". O termo "ação" indica que a liturgia é essencialmente um movimento, pois ação é sinônimo de movimento. Este caráter intrínseco à natureza da liturgia é um aspecto importante do nosso estudo.

Como todo movimento, a liturgia é dotada de vitalidade e de expansão, cuja direção queremos aprofundar, para, depois, abordar os sacramentos enquanto encontros salvíficos que Deus realiza com seu povo aqui na terra, a fim de revigorar-lhe as forças na caminhada rumo à Terra Prometida, que na economia da Nova Aliança é símbolo da Páscoa eterna, já antecipada pela liturgia, enquanto destino definitivo de todos os seres humanos, conforme a missão que Cristo confiou aos Apóstolos:

> Ide por todo o mundo,
> proclamai o Evangelho a toda criatura.
> Aquele que crer e for batizado será salvo.
> Quem não crer será condenado.
> (Mc 16,15-16)

Afirmar que a liturgia é uma "ação ritual sagrada" é dizer que a liturgia não é qualquer ação, mas uma ação ritual de cunho religioso. Sendo assim, o movimento descrito pela liturgia tem como direção o coração da vida, pois ninguém, de bom senso, nega a importância da religião como eixo da vida.[1] Isso significa que a liturgia nos coloca num

---

[1] Dentre tantas concepções sociológicas da religião, ninguém nega sua importância como eixo da vida social, mesmo os que a consideram como estágio primitivo da sociedade (Comte,

movimento vital. Para aprofundarmos esta afirmação, é conveniente comentar a direção em que se expande o movimento.

O movimento que mais nos ajuda a compreender a dinâmica da liturgia é o movimento espiral, muito mais do que o movimento linear. Poderíamos dizer que o aspecto linear do movimento descrito pela liturgia subsiste enquanto meta e ponto de chegada; a liturgia nos conduz aos braços de Deus. Em outras palavras, ela tem como ponto de partida a história e como ponto de chegada a eternidade.

Mas esta expansão externa é um segundo momento, ou melhor, é reflexo do primeiro movimento, que é caracteristicamente interior. Por isso, o processo que melhor descreve este percurso que se inicia na direção interior é o espiral, já que o movimento espiral se aproxima de um centro (movimento centrípeto) ou se afasta do mesmo (movimento centrífugo). Assim, podemos ver com mais clareza o aspecto antagônico entre as direções para fora e para dentro.

Hoje é mais comum utilizar o movimento espiral como uma metáfora para expressar o dinamismo do Ano Litúrgico, sempre girando em torno do mistério de Cristo, como seu centro absoluto (movimento para dentro) e, ao mesmo tempo, expandindo-se numa direção cósmica até abranger toda a vida e a história (movimento para fora). É como um coração que pulsa no movimento duplo de retração e expansão, ao mesmo tempo, acolhendo o sangue e gerando um fluxo que o leva até as extremidades do corpo.

Assim, quando celebramos a fé, entramos neste movimento que conduz a Deus. À primeira vista parece que o primeiro movimento é linear e externo. Porém, para entrarmos nesta linearidade, é preciso que

---

Spencer, Frazer) ou da psique humana (Feuerbach), ou ainda como instrumento ideológico de dominação (Marx). Seja como for, a religião tem um vastíssimo espectro de consequências que influenciam a personalidade, as relações sociais e a cultura (Durkheim, Ellwood). É uma instituição universal que influencia em profundidade a estrutura da ação humana, especialmente no campo da economia e da política (Max Weber, Ernest Troelsch). Não se pode negar que a religião constitui-se por um conjunto de fenômenos marcados por experiências que são as mesmas em todo tempo e lugar, direcionado ao sagrado (R. Otto). Cientificamente também há que se admitir que a religião é a capacidade suprema de simbolização (Durkheim). A religião é o objeto da fé condensado numa instituição e é vivida não só a partir de dentro (Hill), mas também em suas objetivações históricas (Gabriel le Bras). Cf. GALLINO, Luciano (dir.). Sociologia da Religião. *Dicionário de Sociologia*. São Paulo: Paulus, 2005. pp. 540-550.

nos lancemos no redemoinho do amor, que tem como centro Jesus Cristo. Então, somos tragados num movimento interno (movimento centrípeto) e, ao nos deixarmos envolver por ele, participamos deste outro movimento que se expande numa direção externa em sua contínua busca do Outro, que é Deus, e dos outros, que são todos os seres humanos, onde a imagem de Deus está estampada, bem como toda a obra da criação, na qual se encontram também os vestígios de Deus (movimento centrífugo). Todas as tentativas de viver e de celebrar a fé que não são, primeiramente, experiências interiores tornam-se ineficazes e frustrantes. É por isso que existem no âmbito da religiosidade e da vivência das Igrejas tantas frustrações. O contrário também é visível a olho nu: todas as experiências de vida e de celebração que brotam do interior, ou melhor, passam pelo coração antes de se expressarem externamente, são profundamente gratificantes. Aqui está delineada a vida dos mártires, dos santos e de todos os confessores da fé. O esforço deste estudo é mostrar como esse caminho é fundamental para entrarmos no mistério da fé, seja pela via celebrativa, seja pela via do testemunho. Sendo assim, o caminho ritual que a liturgia precisa seguir é adequado a esta intuição, senão a liturgia acaba sendo atingida na sua natureza mesma.

No caso da liturgia, trata-se, portanto, de um movimento de aproximação de um enfoque que se torna o centro de convergência, onde se revela o essencial de nossas buscas. É nesse sentido que a liturgia é um movimento memorial, pois fazer memória é evocar aqueles eventos e pessoas, cujo enfoque mantém vivas determinadas ações que ocorreram no passado, mas que continuam dando sentido ao presente. O passado significa o "afastamento" do presente, que é o centro do memorial. Portanto, fazer memória é entrar em um movimento tipicamente centrípeto, capaz de trazer para o presente o que o tempo joga no passado.

O movimento da vida

Para coroar a nossa reflexão a respeito do caráter interno da ação litúrgica, recorremos ao pensamento de Xavier Zubiri,[2] que, ao comentar

---

[2] Cf. ZUBIRI, Xavier. El ser sobrenatural; Dios y la deificación en la teologia paulina. In: MUÑOZ, Guilherma Díaz. *Teologia del mistério em Zubiri*. Barcelona: Herder, 2008. p. 150.

O conceito de estabilidade em Platão e Aristóteles, baseado nos seres vivos e não na matéria inanimada, afirma que, para os gregos, ser estável não é ser imóvel, mas "ser em um contínuo e estável movimento" de natureza interna, sutil e profunda, que garanta a expansão íntima da vida. Assim, pode-se dizer que a estabilidade é o movimento da vida.

Segundo esta forma de pensar, a vida é um movimento íntimo, que pode ser comparado ao movimento que realizamos no limiar daquele fio tênue e profundo que, ao mesmo tempo, nos separa e une a Deus, onde o divino e o humano se encontram em nossa natureza resgatada pelo mistério pascal, por causa da "participação na natureza divina, que é dada aos homens pela graça de Cristo".[3] Assim, temos, já agora, a garantia da vida futura, de tal forma que em Deus "vivemos, nos movemos e somos".[4] É uma comunhão tão rica, que não só nos possibilita viver e mover-se em Deus, mas também "ser" em Deus.

Trata-se, portanto, de uma comunhão de vida, pois a vida é essencialmente um movimento de expansão interna, mas também de uma comunhão ontológica (comunhão de ser), na qual a união entre o ser divino e o ser humano é tão profunda, que somente a Palavra de Deus pode fazer esta delicada separação, pois somos em Deus sem jamais sermos deuses:

> A Palavra de Deus é viva, eficaz e
> mais penetrante do que qualquer espada de dois gumes.
> Penetra até dividir alma e espírito,
> junturas e medulas.
> (Hb 4,12).

Portanto, é nesse movimento da vida que a liturgia atua, trazendo para a nossa realidade imanente a força do transcendente. É por isso que a liturgia terrena já antegoza do esplendor da liturgia celestial. Nossas celebrações sacramentais buscam continuamente, por meio da arte representativa, apresentar o banquete do Cordeiro, onde finalmente todos serão um e haverá um só Pastor e um só rebanho.

---

[3] Ritual de Confirmação, p. 9.
[4] Missal Romano, Prefácio dos Domingos do Tempo Comum, VI, p. 433.

Naquele dia, que não mais fará parte do tempo, mas da eternidade, a nossa vida será totalmente integrada à vida dele. Nosso olhar será o olhar dele. Nossa luz será ele próprio. É nessa luz que veremos a luz; portanto, teremos olhos para ver toda a verdade e as pessoas que a vida nos escondeu. Tudo será graça! Tudo será luz!

O encontro com Deus por meio da liturgia

Tudo o que foi dito sobre a direção interna da ação que garante o movimento da liturgia pode ser aplicado ao movimento que gera o encontro. A direção é a mesma. A direção do encontro é marcada, sobretudo, pela abertura do coração ao mundo do outro. Então, o encontro é, antes de tudo, um exercício de interioridade e uma manifestação de acolhida. Ele se dá na mais profunda intimidade do coração e exige concentração. O contrário é o desencontro, a desconcentração e fragmentação. É como centenas de crianças num pátio escolar em intensa desconcentração, marcada por movimentos tipicamente exteriores, sem que ninguém se encontre com ninguém. A impressão que se dá é que elas vão jogando fora pedaços de si mesmas, sem que ninguém os recolha, porque ninguém está prestando atenção a ninguém. Talvez seja esse o mal do nosso tempo.

O encontro, ao contrário, é perpassado pelo encanto do namoro. É feito de profundos movimentos interiores, que se exteriorizam com delicadeza, graça e beleza; elementos que representam a autenticidade do amor. Veremos, ao longo deste estudo, como isto funciona em nossa relação com Deus por meio da liturgia.

É preciso pôr em foco o que se pretende encontrar, para criar a direção do movimento do encontro. Nessa perspectiva, a liturgia possibilita ao ser humano encontrar-se com Deus e consigo mesmo. Em primeiro plano, ela põe Deus em foco, por meio do memorial de Jesus, e põe a assembleia em movimento de encontro. Porém, como Deus é, nesse sentido, parceiro do ser humano, que ele criou e, depois, resgatou pela encarnação do Verbo, ao se focar Deus, foca-se também o ser humano. Por isso, o encontro com Deus possibilita o encontro com o ser humano.

Esta é a única direção que está circunscrita na natureza da liturgia e, portanto, não é facultativa, mas obrigatória. Desta forma, podemos dizer que a liturgia é a ação sacerdotal de Cristo, exercitada pela Igreja por meio dos seus ritos sacramentais (cf. *Sacrosanctum Concilium* 7), para promover, pelo memorial de Jesus, o encontro de Deus com o seu povo e com cada membro individualmente, sob a iluminação do Espírito Santo. Este encontro da parte da Igreja é uma resposta à iniciativa de Deus de chamar o ser humano à amizade da Aliança, sempre mantida pela fidelidade divina e perpetuada por meio dos ritos litúrgicos.

A liturgia promove um encontro cuja iniciativa é de Deus; sendo assim há um fenômeno curioso que faz da liturgia uma ação diferente das outras ações: a liturgia tem dois pontos de chegada. O primeiro é o ser humano, e o segundo é Deus. Em primeiro lugar, Deus, que nos convoca, vem até nós. Compete a nós, portanto, acolhermos aquele que vem ao nosso encontro. Esta é a base da teologia da graça e o fundamento da teologia da encarnação. Uma vez que o homem recebe o seu Criador, torna-se capaz de promover um mergulho na realidade divina, cujo ponto de chegada segundo é Deus. Então, se o próprio Deus se digna a vir até nós, a liturgia tem que passar pelo coração humano para poder chegar até Deus. Liturgias que não entram no coração humano, ou seja, são liturgias frias, segundo o dizer de Padre Gregório Lutz,[1] tampouco chegam ao coração de Deus.

Ao acolher o dom do Espírito Santo, abrindo o coração ao mistério, o ser humano ilumina-se de tal forma, que se enxerga a si mesmo, reconhecendo-se como criatura elevada ao patamar do Criador por causa do mistério pascal de Jesus, que o tornou participante da natureza divina. Encontrando-se consigo mesmo, unifica-se e não pode senão render louvor àquele que lhe concede a graça do encontro e da paz. Isto é a salvação.

Então, a liturgia coloca os celebrantes num movimento em direção ao coração da vida. A metáfora do coração para explicitar a direção desse movimento indica que ele parte do exterior para o interior, da desconcentração para a concentração, da periferia para o centro, da diversão para a unificação, de fora para dentro. Somente quando se põe em foco uma determinada coisa é que se sai da periferia ou da distração para concentrar a atenção nela e, assim, realizar o encontro.

Com isso, frisamos que a ação litúrgica põe em movimento a própria vida, gerando uma expansão para dentro do mistério divino e do coração humano. É um movimento de concentração, de encontro e de comunhão. A expansão da liturgia, enquanto ação ritual sagrada, não pode ser de natureza exterior. O que reflete no exterior deve ser consequência de um profundo movimento interior, que nasce do toque de Deus.

---

[1] LUTZ, Gregório. Liturgia "fria" ou "quente". In: COSTA, Valeriano Santos. *Liturgia;* peregrinação ao coração do Mistério. São Paulo: Paulinas, 2009. pp. 161-170.

É neste prisma que podemos entender a visível manifestação exterior de piedade dos romeiros nos santuários.[2] Eles estão profundamente concentrados no mistério que os faz atravessar muitos caminhos, para chegarem até aos locais sagrados, onde esse mistério pode ser mais facilmente tocado, por meio dos seus símbolos. Se cantam é com entusiasmo, se vibram é com devoção, se rezam é com unção, se lágrimas escorrem dos seus olhos, não são provocadas por comandos externos, mas são manifestações que partem do toque de Deus, que é uma ação profundamente interna, realizado desde a partida até a chegada ao santuário, tendo como ápice a Eucaristia, que geralmente culmina toda a peregrinação. Para frisarmos isso, vamos tratar de como algumas liturgias são realizadas na contramão da sua verdadeira direção.

Liturgias de expansão externa

A ação litúrgica que se expande para fora, enquanto movimento, não está na direção autêntica da liturgia. Aí fica claro também uma série de problemas que certas práticas litúrgicas vêm enfrentando, ao tomar uma direção cuja expansão é de cunho exterior. Não estamos aqui negando a ação de Deus nestas manifestações, porque Deus sopra onde quer e acha sempre caminhos para chegar até nós. O que está em foco não é a graça de Deus, mas o caminho tipicamente litúrgico que ela desenvolve em nós.

Basta ver o fenômeno atual das liturgias shows, que embalam e geram muitos movimentos corporais, mas poucos movimentos da alma. Somente a Palavra de Deus, acolhida com devoção, pode provocar os movimentos da alma. Tais movimentos se externam em movimentos corporais, mas não automáticos, porque não provocados por comandos externos, mas por uma melodia interior, que irresistivelmente leva, desde as ações mais delicadas como cantar, contemplar, adorar, etc. até aos

---

[2] Cf. FROZONI, Giuliana; DWORAK, Krzytof. Cantos da Igreja da Lapa: a espiritualidade da romaria a partir dos benditos populares cantados pelos romeiros do Santuário do Bom Jesus da Lapa-BA. In: COSTA, Valeriano Santos (org). *Liturgia*; peregrinação ao coração do Mistério. São Paulo: Paulinas, 2009. pp. 59-86; ARAÚJO, José Luís; BOGAZ, Antônio S. Fé em Deus e pé na estrada; sonhos e esperanças dos peregrinos do Santuário de Aparecida. In: COSTA, op. cit., pp. 101-126.

júbilos do louvor. Portanto, não é um canto qualquer, mas o "cântico novo" anunciado pelos salmos (Sl 33,3; 40,3; 96,1; 144,9; 149,1). É "o cântico de louvor, que ressoa eternamente nas moradas celestes, e que Jesus, Sumo Sacerdote, introduziu nesta terra de exílio... na maravilhosa variedade de suas formas".[3]

Ninguém nega que o show produz certa sensação de bem-estar, mas passageira, porque não é profunda. O show vive sempre de um mito e da publicidade desse mito. Portanto, por trás de um show, mesmo de cunho religioso, está sempre um *show man*. Isso levanta uma séria questão sobre a autenticidade de liturgias literalmente conduzidas por seres humanos. A teologia litúrgica nos ajuda a compreender que a ação sagrada que nos possibilita a salvação só pode ser conduzida por Jesus Cristo. Ele o faz de forma sacramental, isto é, pela mediação dos sinais sensíveis, entre os quais o padre se inclui. Mas o padre deve desaparecer para que o Cristo apareça. Quando as pessoas vão à missa para ver o padre, por exemplo, o encontro com Jesus Cristo se torna inviável.

Na predominância da exterioridade está também o neoconservadorismo rubricista, que dá um valor exagerado à parte externa do rito. Daí, importa "fazer corretamente" o rito em todos os detalhes, e não tanto "fazer com amor" cada detalhe do rito, para vivenciá-lo como um toque de Deus. Nesse sentido, a liturgia é direcionada ao campo jurídico, como se a lei tivesse o poder de salvar, e não para o campo espiritual, onde o Espírito Santo é o protagonista, e a salvação é o objetivo, para o qual se dirige toda ação da Igreja, na qual a liturgia se inclui.

Também há tentativas de adaptação na linha da inculturação que direcionam a ação litúrgica para o exterior, exatamente o contrário da direção autêntica da liturgia. Esse tipo de atitude exagera em quantidade de palavras, gestos e coisas, que invadem o espaço sagrado e o tempo litúrgico, equivocadamente considerando tudo como símbolo.

---

[3] PAULO VI, Constituição apostólica *Laudis canticum*. In: Ofício Divino renovado conforme decreto do Concílio Vaticano II e promulgado pelo Papa Paulo VI. *Liturgia das Horas segundo o rito romano*. São Paulo: Vozes/Paulinas/Paulus/Ave Maria, 1999. p. 13, v. I.

A DINÂMICA DOS SÍMBOLOS NA PASCALIDADE LITÚRGICA

Símbolos são "sinais sensíveis", isto é, coisas ou atitudes concretas, cujos significados, pela moção dos afetos, nos levam a experiências que transcendem a dimensão material do símbolo, fazendo-nos entrar em comunhão com pessoas e situações que, estando ausentes, se tornam presentes por meio do processo da simbolização. Há coisas que são naturalmente simbólicas, como a flor, a criança, a água, o fogo etc. Há ações que também são naturalmente simbólicas, como o sorriso, o beijo, o afago, o carinho, o voltar o rosto, porque nos trazem sempre uma dimensão da própria pessoa, que estava escondida.

Os símbolos são de cunho pessoal, social, religioso etc. Todos têm em comum as características que aparecem na definição acima: são concretos, têm significados que os ultrapassam, mexem com os nossos afetos, levam-nos a experiências profundas de comunhão com pessoas ou situações ausentes, que se tornam presentes por meio deles. Portanto, os símbolos não são coisas comuns, mas especiais. Por isso nem tudo com o que nos relacionamos é símbolo, mas somente aquilo que toca os nossos afetos e nos faz viver experiências profundas de amor, carinho, ternura ou de dor. Eles atuam sobre a saudade do que está ausente, proporcionando-nos o consolo da presença por meio da simbolização. Neste sentido, os símbolos provocam um movimento para dentro de nós mesmos, levando-nos à contemplação de alguma realidade importante para a nossa sobrevivência enquanto pessoa.

Só os seres humanos têm a capacidade simbólica, pois só eles amam, se apaixonam e sentem saudade. Os outros animais, por instinto, sentem falta de pessoas ou coisa ausentes, mas não são capazes de relação simbólica. Pela falta de uma pessoa, são capazes até de morrer, mas não são capazes de associar a pessoa a seus símbolos. Entre a pessoa ausente e sua fotografia, por exemplo, para eles não há nenhuma relação.

Justamente, a palavra símbolo vem do grego, *symballein*, que significa "juntar duas coisas que estavam separadas". Tem a ver com os significantes e os seus significados. Quando se é capaz de juntar uma coisa (significante) aos seus significados e construir uma experiência de vida a partir daí, então, se superam os instintos e se constrói a verdadeira cultura espiritual. A riqueza do ser humano está aí.

Os símbolos religiosos

Os símbolos religiosos são os que nos unem a Deus. Para nós, cristãos, os símbolos litúrgicos nos conduzem ao mistério pascal de Cristo, o que quer dizer que, ao celebrarmos a fé, por meio dos ritos litúrgicos, somos inseridos naquelas situações mais significativas da vida de Cristo neste mundo, como o nascimento, a vida pública, a paixão, morte e ressurreição. Então, além de nos unir por completo ao mistério da vida, morte e ressurreição de Cristo, ou seja, o mistério total, cada celebração situa-se no Ano Litúrgico. Isso significa que o grande mistério é também enfocado em mistérios mais detalhados, de acordo com a vida de Cristo.

Por isso, ao celebrarmos o Natal, somos incluídos no quadro natividade do Senhor, fazendo parte misteriosamente de um momento que se tornou ausente, porque historicamente ficou no passado, mas que a liturgia resgata, tornando-o presente.

Ao celebrarmos os domingos do Tempo Comum, somos inseridos no quadro de toda a pregação pública de Jesus. Com ele subimos a montanha para ouvir o grande resumo dos seus ensinamentos, que está nos capítulos 5 a 7 de São Mateus; vamos com as pessoas ao encontro dele procurando vida e salvação; com ele percorremos todas as cidades e aldeias e, assim, como aquelas pessoas, ouvimos suas santas palavras, somos curados e saímos jubilosamente fortalecidos. Ao celebrarmos a Quaresma, a Páscoa e o Pentecostes somos inseridos no cenário da paixão, morte e ressurreição de Cristo, e do derramamento do seu Espírito. Com ele morremos e com ele ressuscitamos.

Nesse sentido, podemos afirmar que os símbolos litúrgicos realizam o encontro entre o céu e a terra. O processo simbólico, que é natural no ser humano, atinge seu auge nas relações de fé. O exemplo mais claro e único deste ápice processual simbólico é a presença real de Cristo nas espécies consagradas.

Para não causarmos nenhum equívoco, lembramos que o símbolo traz a presença, de alguma forma real, do que é simbolizado. Por exemplo, as relíquias dos mártires trazem a presença deles até nós. Mas é preciso ressaltar que o objeto simbólico e o seu significado não se fundem, senão a relíquia do mártir seria o próprio mártir, ou o anel do avô, que ficou de lembrança, seria o próprio avô. Porém, a aventura da aproximação entre o símbolo, enquanto sinal sensível, e o seu significado tende à perfeição, isto é, à fusão entre ambos, de tal modo que desapareça o símbolo e apareça a realidade que ele simboliza. Isto foi realizado por Cristo na Eucaristia: o pão já não mais pão, e sim o Corpo de Cristo; e também com o vinho.

Nesse caso, o símbolo já não é mais símbolo, é a própria realidade que ele pretendia simbolizar. Desaparecem o pão e o vinho e surge o próprio Cristo. Estamos no auge do mistério de Cristo e do mistério da fé. Mistério da fé, porque a relação com o aspecto material do símbolo continua em aparência, pois não há mudança de cor, gosto, espessura etc. Mas não é mais o que se toca pelos sentidos do corpo, que constitui a nova realidade. É o que não se vê. Um grande paradoxo, o maior paradoxo da fé! Antes eram pão e vinho como símbolos eucarísticos; agora não são somente sinais sensíveis trazendo a presença de realidades celestiais, mas a própria realidade divina em sua totalidade: corpo, sangue, alma, divindade. Não é de estranhar que, embora de forma geralmente não admitida, haja dificuldades de crer. Contudo, a grande fé da assembleia eucarística é inabalável, pois movida pelo mesmo Espírito que levou o profeta Simeão e a profetisa Ana ao encontro do Cristo na sua apresentação no Templo de Jerusalém, exclama estupefata: "Vinde, Senhor Jesus! *Maranatha!*".

Toda a liturgia é simbólica. Em outras palavras, ela é um grande movimento simbólico que nos une a Cristo e, por meio de Cristo, ao Pai, na unção do Espírito Santo. Assim, ela nos cura daquela separação que o pecado causou entre nós e Deus. Em si mesma, portanto, a liturgia é terapêutica, porque é simbólica. Não podemos inflacionar a liturgia com coisas ou ações que pretendemos simbólicas. Enquanto memorial de Cristo, só é símbolo autenticamente litúrgico o que remete a Cristo, como o altar, o ambão, o livro da Palavra, o crucifixo, os ministros, a assembleia, o espaço litúrgico, juntamente com o rito que os coloca em movimento. Também é autenticamente litúrgico tudo aquilo de que os sacramentos se servem para fazer presente o mistério pascal, como a água, o pão, o vinho, o óleo etc. Outras coisas precisam ser bem estudadas antes de entrar no cenário litúrgico. Se condisserem com a celebração, a partir do Ano Litúrgico, como a coroa do Advento, as imagens sagradas, etc., podem ajudar a celebrar o mistério pascal. Também símbolos pascais ligados ao testemunho dos mártires podem entrar no quadro que rememora o mistério de Cristo, como as relíquias. Um exemplo concreto de relicário vivo é a veste ensanguentada de alguém que foi morto pela fé. Portanto, os símbolos falam por si e dispensam comentários.

E assim, os símbolos dirigem a atenção para o foco da vida, levando à mais absoluta concentração. Inflacionar a liturgia com coisas não simbólicas acaba funcionando como um elemento de distração. E com certeza, a distração não unifica o ser humano, nem com Deus nem consigo mesmo nem com a comunidade. A distração é um mecanismo para ajudá-lo a suportar o peso da vida, e não para inseri-lo na dimensão da profunda leveza que uma vida bem assumida, elaborada e celebrada pode proporcionar. Então, os símbolos são vivos, isto é, estão inseridos no movimento da vida, que é o movimento para dentro do ser humano e, no caso religioso, para dentro do mistério divino.

A dimensão pascal da liturgia

Por causa do seu aspecto simbólico, a liturgia é dinâmica e peregrina por natureza. Ela nos coloca na mais autêntica peregrinação, dispondo nosso coração ao encontro com Deus. Mas quando se fala em encontro com Deus, normalmente se imagina um caminho exterior em direção ao divino. Esta é a lógica das religiões naturais, que, de certa forma, "coisificam" Deus, para criar um caminho externo até ele. Neste caso, a iniciativa do encontro é humana e não divina. Em nosso caso, é o contrário: Deus é que vem até nós, e o encontro se dá em nosso coração, que é a dimensão mais interna do nosso ser. Portanto, no processo do encontro com Deus, o caminho é interior.

Aí está também a base da pascalidade mais consistente que realizamos nesta vida, pois não se trata de uma passagem de cunho exterior de um lugar para outro, mas uma passagem interior do presente histórico, dominado pelos limites dos lugares concretos e do tempo cronológico, para a eternidade, que não se situa mais em lugares nem no tempo marcado pelo relógio, pois lá o tempo vira *kairós*, isto é, graça. Assim, penetramos no coração de Deus e no coração da vida. É a pascalidade de Jesus, que "sabendo que chegara a sua hora de passar deste mundo para o Pai, tendo amado os seus que estavam no mundo, amou-os até o fim" (Jo 13,1). Esta páscoa, que realizamos ainda no tempo, antecipa a passagem definitiva para a eternidade. Por isso, ela é simbólica e proporciona essa viagem para dentro de nós mesmos e para o mistério divino. É por isso que toda vez que celebramos o mistério pascal de Cristo aqui na terra "torna-se presente a nossa redenção",[1] cuja extensão é eterna.

Os nossos encontros reais com o Cristo ressuscitado, que realmente está presente em nossas celebrações, são realizados na liturgia terrestre sob os signos de lugares e sob a égide do tempo, todos eles sinais da eternidade. Pelo fato de serem sinais sagrados, são símbolos do encontro definitivo com nosso Senhor na Páscoa eterna. Na verdade, todos os lugares onde se celebra a fé tornam-se um "santuário", imagem da Nova Jerusalém, enfeitada para o seu Esposo, e o tempo durante o qual celebramos também é imagem do "novo tempo", onde não existe mais o sofrimento e o cansaço da linguagem linear, mas a beleza do "canto novo". Isto não acontece sob o preço da distração, mas na mais profunda concentração de mentes e corações.

Para fundamentar esta teologia litúrgica, com sua riqueza antropológica e eclesial, recorremos a dois textos que acompanham nossa reflexão: "Eis que estou à porta e bato: se alguém ouvir a minha voz e abrir a porta, eu entrarei em sua casa e cearei com ele e ele comigo" (Ap 3,20); "A liturgia é o cimo para o qual se dirige a ação da Igreja e, ao mesmo tempo, a fonte donde emana a sua força" (*Sacrosanctum Concilium* 10).

O primeiro texto é uma afirmação do Cristo ressuscitado, que, como autor da vida e manifestação absoluta da vitória sobre a morte, pede para entrar em nosso coração, a fim de que o seu reinado possa se estabelecer na história. Aí está a direção em que a liturgia se move. Por se tratar de uma conquista do coração, o reinado de Cristo depende do livre arbítrio humano para se instalar. Isso significa o acolhimento interior em vista do processamento em nosso coração de uma verdade que não vem de

---

[1] Missal Romano, 2º Domingo do Tempo Comum, oração sobre as oferendas.

nós, mas do Outro, entendendo que o Outro só pode ser Deus. Então, é uma verdade que vem de fora (Deus) para dentro de nós. É na celebração litúrgica que a abertura de coração e a instauração do reinado de Cristo se manifestam de forma intensa e peculiar.

O segundo texto é uma afirmação do Concílio Vaticano II, na Constituição *Sacrosanctum Concilium*, no capítulo que trata da natureza da liturgia. Esta afirmação tem sido tão repetida ao modo de um refrão, que pode ser considerada um axioma, pois as imagens da fonte e do cimo explicitam a finalidade e ajudam-nos a compreender a índole do movimento interior que a sagrada liturgia descreve no seu percurso peregrino. Buscar o cimo é buscar o ponto de unidade de cada coisa. Figurativamente, é buscar o grau mais elevado de todas as coisas. Buscar a fonte é também buscar o fundamento e a profundidade de tudo. Isso só se dá num movimento que se processa de fora para dentro.

A imagem da abertura da porta para acolher o hóspede para a ceia reflete bem esse movimento, assim como a busca do cimo ou da fonte das coisas.

Por fim, queremos encerrar este capítulo insistindo que as metáforas da fonte e do cume, bem como da abertura da porta do coração para o encontro que culmina na ceia servem também para ressaltar elementos importantes da liturgia como a profundidade, o silêncio, a gratuidade e a beleza.

A liturgia é a fonte de onde emana a força da Igreja

rovinda do solo, a fonte é uma nascente de água fresca que refresca e sacia, dando paz e serenidade aos corpos cansados pelos movimentos da vida. É comum canalizarem a fonte por meio de uma bica a escorrer sem interrupção.

Devido à importância das fontes para a sobrevivência da terra, recorremos a alguns elementos de cunho vital para a fonte e para a liturgia da Igreja, a fim de aprofundar a comparação que o Concílio Vaticano II faz entre a liturgia e a fonte, ao afirmar que a liturgia é a fonte donde emana a força da Igreja. Dentre esses elementos ressaltamos a profundidade, o silêncio, a gratuidade e a beleza.

O primeiro elemento da fonte que queremos comparar com a liturgia é a "profundidade", pois aí já se destaca um viés importante do caminho legítimo que a liturgia percorre na sua dinâmica peregrina.

A fonte nasce das entranhas da terra e, quando chega à superfície, normalmente emite um murmúrio tão ritmado que parece um rito. Portanto, para ser perene, a fonte necessita de certa profundidade, do contrário seria apenas um reflexo das águas passageiras e superficiais provindas das chuvas e não da terra. É por isso que as fontes são a origem dos rios e constituem sua base estável.

A mesma coisa se pode dizer da liturgia da Igreja. Tão profunda quanto a fonte, a liturgia brota das entranhas de Deus e do coração humano, pois "compõe-se de uma parte imutável, porque de instituição divina, e de partes suscetíveis de mudança" (*Sacrosanctum Concilium* 21), porque a liturgia é inserida na cultura humana. É expressão da Igreja, que, como diz a *Sacrosanctum Concilium 2*, tem uma dimensão divina e humana ao mesmo tempo. Portanto, liturgia não é uma ação superficial, como certas práticas parecem insinuar.

Como a fonte, a liturgia brota do coração do mistério e só pode ser exercitada numa região humana profunda e de extrema sensibilidade, que é a zona vital do mundo simbólico. Este mundo perpassa a essência da vida e os valores que lhe dão sentido. É aí que o ser humano se distingue de todos os outros animais. Por isso, somente o ser humano pode ser considerado *liturgicus*, pois a liturgia exige a educação para o essencial e a delicadeza para a nuança de sinais como se fossem gradações de uma única cor. Portanto, a capacidade litúrgica do ser humano é um reflexo do seu caráter espiritual, e seu exercício se dá numa área profunda, cujos padrões não podem ser igualados aos da vida comum. Os padrões da vida comum marcam os comportamentos cotidianos e as atividades de caráter predominantemente racional, como trabalhar, locomover-se, estudar, tomar decisões, discutir metas, assumir prioridades etc. Em outras palavras, para celebrar a fé por meio da liturgia, precisamos sair da experiência comum para fazer a experiência do Mistério, cuja voz ecoa no íntimo do nosso ser. Para tanto, é preciso ouvir o apelo de Deus, que soa dentro de nós. Sem esta postura, a liturgia acaba sendo banalizada, ou seja, tratada como uma ação a mais dentre as tantas que executamos no dia a dia.

Por outro lado, a fonte traz consigo um silêncio profundo, ornado pelo frescor da quietude e da pureza das coisas mais simples. Então, a fonte e o silêncio são parceiros inseparáveis. Sua origem é silenciosa e sua manifestação nascente é murmurante e de certa forma nos atrai ao silêncio contemplativo. O segundo elemento, portanto, que a fonte, como metáfora da liturgia, nos inspira é o silêncio.

Trata-se de um silêncio natural, porque não é uma mera ausência de som, mas é o som mesmo do movimento da água que nasce do solo. Para ouvi-lo é necessário concentrar o ouvido no silêncio da terra. O silêncio é o som natural de todas as coisas. Dito de outro modo, o silêncio é a palavra da vida que se manifesta em todas as coisas. Por isso, fazer silêncio significa escutar essa palavra. Ou ainda se pode dizer que o silêncio é a música que se ouve em todo lugar, como o monólogo da abertura do filme *O som do coração*:[1]

Ouça!
Você conseguiu ouvir a música?
Posso ouvi-la em todo lugar:
No vento, no ar, na luz.
Ela está ao nosso redor.
A gente só precisa se abrir.
A gente só precisa ouvir.

---

[1] *August Rush* (EUA), 2007.

Portanto, o silêncio não é o vazio de palavras ou de rumores, como superficialmente se pensa. Tampouco é o contrário da palavra, como supostamente se pode dizer. "O silêncio é linguagem; constitui, aliás, a fonte originária de toda linguagem verdadeira e é o seu fim último [...]. Ele marca o início de toda palavra verdadeira e a possibilidade de atingir o seu significado mais profundo".[2] O silêncio não é a palavra interrompida ou mutilada, mas, ao contrário, é a fonte da palavra. Sem a palavra, ele é vazio, e a palavra sem o silêncio se torna mero ruído, pois o silêncio é como "o esposo" da palavra, que a fecunda e lhe dá vida. Por isso, a palavra só pode ser ela mesma, se encontra o silêncio que a abrace. Do contrário, ela será como um ruído ignorado ou rejeitado. Todo discurso só adquire autoridade a partir do silêncio que o originou e do silêncio que consegue criar no coração dos ouvintes. Desta forma, "o homem parece quase suspenso no silêncio".[3] Portanto, o silêncio é um elemento profundo. O ser humano aprende a falar tão rapidamente, mas tem tanta dificuldade para aprender a silenciar!

Perdendo a capacidade do silêncio, o ser humano perde a capacidade da palavra e se torna o ser do ruído. É aí também que se gera uma sociedade na qual vence quem grita mais alto. Este tipo de vitória não vem pelo acolhimento do silêncio, mas pelo cansaço provocado pelo grito no seu sentido real ou figurado. De certa forma, é assim que o sistema de propagandas repetitivas e agressivas derrota os ouvintes, golpeando-os, ao golpear o silêncio. E normalmente se requer este método porque o que ele comunica não tem a verdade suficiente para se impor por si mesmo. Por isso nenhuma propaganda deste gênero é bem-vinda numa ação litúrgica.

Como a fonte, a liturgia só pode nascer do silêncio fecundo e da palavra criadora que reinam no coração de Deus, e do acolhimento silencioso e eloquente do coração humano. Quando o ser humano celebra sua fé, entra na região delicada da comunicação transcendental, substancialmente realizada por símbolos, que não admite ruídos, os quais perturbam o encontro com Deus, que é encontro entre o céu e a terra. Mas, como já

---

[2] FISICHELLA, R. Silêncio. In: MANCUSO, Vito. *Lexicon*; Dicionário Teológico Enciclopédico. São Paulo: Loyola, 2003. p. 699.

[3] Ibid.

foi dito, isto se dá numa linha tênue, pela qual nós somos, vivemos e nos movimentamos em Deus. A atitude original que propicia a magnitude de um acontecimento tão denso e profundo é o silêncio.

Parafraseando São Paulo aos Romanos, "é hora de acordar" (Rm 13,11) para percebermos o quanto é antilitúrgico a exposição de chavões, bem como de frases em cartazes ou faixas para defender certas ideias, mesmo que extraídas do Evangelho. Não deixam de ser meras propagandas ruidosas. Não vale a boa intenção para justificar procedimentos antilitúrgicos por natureza. Jesus conquistou os corações não pela repetição de palavras ou frases, mas pela forma como as falou: "jamais um homem falou assim!" (Jo 7,46). A única vez que ele abandonou o seu método usual caracterizado pela profundidade, pelo silêncio, pela gratuidade e pela beleza, foi quando expulsou os mercadores do Templo. Jesus foi lá não para conquistar ninguém, mas para defender a casa de Deus que tinha sido despojada do silêncio sagrado de uma casa de oração e transformada num mercado ruidoso, num típico centro financeiro e, ao mesmo tempo, anunciar-se como o Novo Templo da humanidade.

Às vezes se pergunta o porquê de em certas igrejas haver sempre um encanto que atrai o olhar peregrino e o sentimento familiar das pessoas. Neste sentido, não importam o estilo, a arte ou a época de tais construções sagradas. Certamente essas igrejas são o que pretendem ser: lugares de oração. O seu ambiente não é deformado com elementos tão dissonantes como as propagandas. Por isso, acabam sendo natural como é natural o Monte Horeb, enquanto lugar onde Deus fala ao seu povo. Essas igrejas, por si mesmas, falam a verdade e não precisam de nenhum artifício para impor ideias ou insinuar comportamentos. Elas são símbolos do próprio Deus, que é "aquele que é" (Ex 3,14). Num mundo tão artificial, que contaminou até mesmo os espaços sagrados, as igrejas assim funcionam como ilhas terapêuticas onde os filhos de Deus podem identificar sua genealogia espiritual.

Sendo assim, os avisos e comunicações não encontram lugar natural em nossas celebrações. São sempre forçados como elementos estranhos. Podem ser necessários, mas são sempre propagandas ruidosas. Este é o lado da liturgia terrestre que não se inspira na liturgia celeste, "pois na liturgia terrestre nós participamos, saboreando já, da liturgia celeste, que se celebra na cidade santa de Jerusalém, para a qual nos encaminhamos como peregrinos" (*Sacrosanctum Concilium* 4). Se a alegria de ver a Deus face a face é comparada com o sabor que sentimos em nossas liturgias da terra, então os avisos não podem fazer parte desta imagem, segundo a qual as nossas liturgias são profecias da eternidade.

Talvez sejam esses cansativos avisos que nos fazem perceber que o Tabor aqui na terra é constituído de momentos privilegiados, mas delimitados no tempo, o que torna impossível no presente armar definitivamente a nossa tenda em meio à gloria de Deus, como queriam os apóstolos que presenciaram a visão magnífica desta glória manifestada em Jesus. Ainda é preciso descer para o vale, muitas vezes de lágrimas, que constitui a história onde nossas comunidades estão inseridas. No entanto, se conseguíssemos encerrar o culto litúrgico sem esvaziá-lo, justamente em sua parte final, proporcionaríamos que o encanto do encontro com o Senhor nos acompanhasse mais intensamente na volta para as tarefas cotidianas.

Diante do que foi dito, é preciso reafirmar que o silêncio é o lugar privilegiado para a revelação divina. A liturgia que não é acolhida pelo silêncio do coração e pela performance de uma assembleia atenta é como a palavra diante de ouvidos surdos. Os ritos litúrgicos nascem do silêncio do mistério e necessitam do silêncio do coração humano para que os gestos sejam harmoniosos e as palavras ecoem como o murmúrio da fonte. Nesse sentido, muitas igrejas têm dificuldade de celebrar a autêntica liturgia porque foi destruído o silêncio que a autentica, o silêncio litúrgico. Hoje causa mais admiração entrar em um teatro do que em certas igrejas. Sendo assim, as celebrações litúrgicas já começam tumultuadas por falta do silêncio acolhedor. Neste caso, os cantos são gritos, as orações viram discursos, os gestos se tornam mecânicos. Há que se resgatar o silêncio, para que a liturgia seja realmente a fonte da nossa espiritualidade.

O mundo pós-moderno, marcado pela automação e pelas respostas prontas, tem dificuldade de atingir o nível da comunicação transcendental, que é tipicamente espiritual. Confunde-se a pedagogia infantil e juvenil com o embrutecimento do espírito.

Voltando à fonte, ainda podemos destacar a sua dimensão de docilidade e delicadeza, que a faz ser radicalmente oblativa, a ponto de podermos transformá-la numa bica a escorrer sem interrupção, como se não fizesse caso da água que não se bebe, pois de alguma forma ela sacia algum tipo de sede. E assim vai constituindo o seu percurso inexorável. A fonte chega à superfície com a fineza de quem pede passagem na busca humilde e persistente do seu caminho. Talvez seja por isso que é tão atraente se contemplar. É como voltar à origem da vida e à sua pureza mais autêntica. A fonte não tem, portanto, a prepotência do vulcão, mas a docilidade da piedade. Quando se criam obstáculos à sua nascente, a reação da fonte é buscar alternativa para finalizar seu percurso em direção à superfície.

Parece que aí também se situa a beleza indescritível da fonte. Como beleza e bondade não se separam, não é possível detectar a simetria da graciosidade de uma coisa tão natural e simples. A beleza é muito mais do que estética, é também relação; é palavra, é o encanto de pequeninos gestos que insinuam amor. Por isso, a fonte precisa ser protegida com o mesmo carinho com que chega até nós, trazendo a vida como dom materno da terra.

Aqui também encontramos uma excelente metáfora para compreendermos a natureza da liturgia. Como fonte da vida que brota do coração de Deus, a liturgia constitui o "rio da vida" que por onde passa leva vida, saúde e nutrição, por meio de árvores frutíferas e medicinais que brotam nas suas margens, como descreve o Apocalipse (Ap 22,1-2). Tais árvores são os sacramentos e sacramentais da Igreja.

Assim como a fonte é perene, o rio é constante. Mas é protegendo as fontes que os rios são protegidos. Assim também, é protegendo a profundidade, o silêncio sagrado, a gratuidade e a beleza como elementos da sua própria natureza que a liturgia é protegida. E protegendo a liturgia, a comunidade e cada pessoa são protegidas. Portanto, como a fonte deve ser protegida, a liturgia deve ser tratada com o mesmo cuidado.

Podemos concluir estas afirmações insistindo que tanto a fonte como a liturgia representam a vida que nasce do silêncio e da autodoação para tornar profundamente produtiva e bela a nossa passagem por este mundo.

A liturgia é o cimo para o qual se dirige a ação da Igreja

A metáfora do cume ou do cimo nos ajuda a compreender a teologia da liturgia e a aprofundar ainda mais a sua natureza. O termo "cimo", que é a parte superior de todas as coisas, mostra que a liturgia estabelece a direção e o ponto de chegada de toda a ação da Igreja. Ao relacionar a fonte e o cimo, podemos mergulhar no imaginário da montanha, com sua altura contrastante com a profundidade do vale, estabelecendo assim uma unidade entre o cimo da montanha e a fonte que brota no vale. Estas duas imagens de cunho conciliar perpassam a nossa análise da liturgia na sua natureza peregrina em função do encontro.

Imaginemos o cimo da montanha para o qual convergem todos os caminhos no processo da ascensão. Os caminhos podem ser variados, mas o cimo é um só. O ser humano sempre teve um fascínio pelo topo da montanha, que representa a unidade e o encontro de todos os caminhos que conduzem para o alto.

A fonte no sopé da montanha oferece ao alpinista a força para iniciar a caminhada que o leva ao cimo, depois de permitir-lhe um momento de encantadora e assustadora beleza diante do desafio que o espera. Certamente, isso o estimula a sonhar com o fascínio do topo da montanha enquanto mirante do mundo. Pode-se também comparar com o olhar de quem sobrevoa as mais altas montanhas com seus picos cobertos de neve eterna. Entre a fonte do vale e o cimo da montanha escorre a vida numa encantadora beleza. No entanto, galgar a montanha é uma ação laboriosa e cheia de riscos, como a própria vida.

É interessante que encontremos no cume da montanha muitos elementos que estão presentes na fonte, tais como o silêncio, a gratuidade e a beleza.

O silêncio do cimo da montanha é paradigmático. É, talvez, o cume do silêncio. No filme *Antes de partir*[1] há um diálogo entre o ator protagonista *Carter* e uma mulher que ilustra e evoca de uma forma plástica a natureza do silêncio do cume da montanha. O tema do diálogo é a experiência no topo do Himalaia:

---

[1] *The bucked list* (EUA), 2007.

— Eu já estive lá em cima.
— É mesmo?
— Durante o dia o céu é mais negro que azul. Não tem ar suficiente para refletir a luz do sol. Mas à noite fica salpicado de estrelas. Parecem tão próximas e brilhantes! É como se o firmamento fosse um chão de estrelas.
— Você ouviu?
— Ouviu o quê?
— Li o relato de um homem que chegou ao cume, e lá em cima do topo do mundo vivenciou um silêncio profundo, como se todo o som tivesse desaparecido. E foi quando ele ouviu o som da montanha. Ele disse que foi como ouvir a voz de Deus.

Então, como já foi dito, o silêncio é o som natural de todas as coisas. E certamente o som do Himalaia é a palavra de vida que se manifesta nele e, segundo o relato narrado no diálogo acima, esta palavra se parece com a voz de Deus.

Assim, a liturgia, tanto como fonte ou como cume da vida da Igreja, necessita do silêncio que faça desaparecer todo ruído para enaltecer a voz de Deus. Isso confirma o que já dissemos sobre a direção do movimento estabelecido pelo culto cristão. É um movimento que nos leva para o mais profundo de nós, à fonte e ao cume do nosso ser, onde a voz de Deus pode ser ouvida, longe da fragmentação de sons que não têm nenhuma unidade entre si.

A imagem do olhar do cimo, enquanto mirante, para a densidade do mundo tem uma repercussão imediata em relação aos sacramentos da Igreja, sobretudo os sacramentos da iniciação cristã. Nesta perspectiva, o Batismo é a fonte, a Crisma, a escalada, e a Eucaristia é o topo, "ponto de convergência e chegada" dos três sacramentos que nos inserem na fé e no caminho que leva ao auge da vida cristã.

A arte de escalar é tanto difícil quanto atraente. Na verdade, o cristão é um escalador por natureza. Mergulha na fonte da vida para tornar-se apto a fazer sua escalada para o topo da vida que o Reino de Deus representa, enquanto possibilidade da vida divina já experimentada neste mundo. É, preciso, portanto, elevar o coração para o alto, como responde o povo na Missa: "nosso coração está em Deus" (monição inicial do prefácio). E esta é a motivação inicial para a ação de graças que a grande oração da Igreja realiza na Eucaristia.

Não nos esqueçamos de que se trata de uma ascensão para Deus, pois o cimo da montanha é uma figura tipológica usada por alguns evangelistas[2] para descrever o lugar do encontro de Deus com seu povo. Por isso, o Monte Sinai, no Antigo Testamento, prefigura o Tabor, onde se deu a revelação antecipada do Cristo glorioso.

Dessa maneira, os três sacramentos da iniciação cristã não somente têm uma profunda integração entre si, mas também integram toda a vida sacramental do cristão, na medida em que o Batismo é o início e a força fundante de todo o processo (fonte), a Crisma é o sacramento do desafio missionário (a escalada da montanha) e a Eucaristia é o *topo* de toda a caminhada, representada especialmente pelo "Viático", que é a última comunhão que o fiel recebe nesta vida, ou seja, a bagagem da sua viagem definitiva para a Páscoa eterna. Portanto, entre o Batismo e o Viático ocorrem todos os outros sacramentos e os sacramentais que nos revigoram no caminho.

Em todo o contexto do caminho, o momento celebrativo corresponde ao olhar e ao sentimento que se apossam de quem contempla a singeleza da fonte ou a beleza da vista de um mirante, que sempre é um cume de onde se pode olhar o mundo. Portanto, o Batismo corresponde ao mergulho na fonte e ao primeiro olhar para o cimo da montanha ao pé da qual a fonte se situa.

Já a Eucaristia é o olhar do cimo da montanha para a totalidade da vida com todos os seus altos e baixos. Na Eucaristia, enquanto cume da vida cristã, somos tomados daquele sentimento paulino: "combati o bom combate", cheguei ao topo. Por isso, a Eucaristia constitui também um olhar "atualizante" para a fonte batismal. Embora se trate sempre da vida real, o olhar do cimo, enquanto mirante supremo, é de uma beleza profundamente encantadora. Esta é uma imagem que tenta descrever a beleza da celebração da Eucaristia e traduzir a grandeza do sentimento que

---

[2] O capítulo 5 de São Mateus constitui um compêndio dos ensinamentos de Jesus. Quando Mateus diz que Jesus "subiu a montanha", provavelmente se refira a uma das colinas próximas de Cafarnaum.

se apossa da comunidade verdadeiramente eucarística, justamente porque fundada no Batismo e projetada eucaristicamente para o topo da vida.

A Igreja testemunhou tantas vezes como a Eucaristia, diante da morte, se torna o Viático, que consuma o presente histórico, atestando que a vida presente é apenas um sopro:

> Meus dias correm mais rápido que a lançadeira
> e se consomem, tendo acabado o fio.
> Lembra-te de que a minha vida é apenas vento,
> e meus olhos não voltarão a ver a felicidade!
> (Jó 7,6-7)

Por isso, na vida futura está todo o sentido da história. Daí, então, a força do martírio e do testemunho cotidiano.

Um dos exemplos mais belos da Eucaristia-Viático encontra-se no filme *Shooting Dogs* ou, em português, *Tiros em Ruanda*,[3] que afirma ser baseado em fatos reais. Este filme relata o genocídio em Ruanda, África, ocorrido em 1994, quando a maioria, que é a etnia hutu, depois de trinta anos de poder, foi forçada a partilhar o poder com a minoria tutsi. Porém, a frágil paz foi destruída com o golpe de estado velado, que assassinou o presidente com a intenção de culpar os rebeldes tutsis. Estoura, então, um dos mais sangrentos massacres já registrados na história. Mais de um milhão de tutsis foram massacrados pelo exército ruandense e, sobretudo, pelas milícias populares.

Na Escola Técnica Oficial, que era dirigida pelo Padre inglês Cristofer, e onde funcionava provisoriamente a base dos soldados da Organização das Nações Unidas (ONU), havia mais ou menos dois mil e quinhentos refugiados tutsis. A escola estava cercada pelas milícias hutus, com seus facões ensanguentados, à espera da hora de realizar o massacre. Essa hora chegou quando os soldados da ONU receberam ordens para abandonar o local, o que significava abandonar dois mil e quinhentos

---

[3] Inglaterra/Alemanha, 2005

homens, mulheres e crianças nas mãos dos milicianos, armados, em sua maioria, com facões.

Diante desta trágica decisão da ONU, o Padre Cristofer celebra a missa com um grande número de fiéis, dando-lhes a chance de comungar pela última vez. A referida cena mostra que, no momento em que a bandeira da ONU era baixada do mastro, o Padre Cristofer começa a distribuição da Eucaristia na missa. A beleza do canto da comunhão contrasta com a feiura daquele ato de covardia internacional. Somente Cristo, por meio dos seus profetas, foi solidário naquela hora de sangue e de martírio. Era a hora suprema do amor, pois o mesmo Deus que estava na Eucaristia era o que estava no coração do Padre Cristofer e, literalmente, naquelas pessoas destinadas a morrer violenta e cruelmente. Era o Viático divino para os que estavam prestes a se encontrar com a face gloriosa de Deus.

Não é fácil medir o nível de profundidade da fé das pessoas. No entanto, o gesto tem uma eloquência eterna. Diante da morte previsível, a Eucaristia é a melhor bagagem para se atravessar o vale escuro da morte.

Sem dúvida, a liturgia é sempre o Tabor da vida cristã ou o topo da beleza do seguimento do Cristo, embora a vida cristã seja laboriosa por natureza e, muitas vezes, sofrida por causa do testemunho. Aí se torna mais clara a atribuição da liturgia como cume.

São esses olhares pelo viés do mistério celebrado que possibilitam a renovação das forças para o alpinista continuar sua escalada. Olhando para o topo ou para o vale, ele deixa-se invadir pela beleza e enche-se novamente de esperança de poder chegar ao ponto máximo: o Tabor. E lá as estrelas parecem tão próximas, que parecem ser tocadas com a mão. Longe de tantos sons dissonantes, o alpinista vitorioso pode ouvir o som da montanha e perceber que ela tem uma voz carregada de harmonia divina. E ao ouvir o som da montanha, sente a proximidade do Criador.

Então, é esse o silêncio que nos possibilita ouvir com muito mais profundidade e eloquência o som das coisas na dinâmica da vida, o que o barulho, com sua multidão de palavras desconexas, ofusca. O silêncio litúrgico possibilita-nos ouvir a Palavra que se fez carne, para tirar-nos da dispersão do pecado e colocar-nos na unidade da salvação. Então, a liturgia, para ser o que ela é e movimentar-se na gratuidade da beleza, precisa tornar-se a fonte do silêncio e o cume do acolhimento da voz de Deus. Só assim pode ser educadora para o essencial, no qual estão contidos a profundidade, o silêncio, a gratuidade e a beleza.

O encontro sacramental com Cristo no coração da liturgia

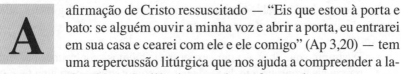A afirmação de Cristo ressuscitado — "Eis que estou à porta e bato: se alguém ouvir a minha voz e abrir a porta, eu entrarei em sua casa e cearei com ele e ele comigo" (Ap 3,20) — tem uma repercussão litúrgica que nos ajuda a compreender a latitude e a profundidade do silêncio sagrado em função do nosso encontro com Deus por meio da celebração sacramental da Igreja.

O silêncio real nos ajuda a realizar um encontro igualmente real com Deus porque é um encontro verdadeiro, e também fantástico, porque preenche o nosso ser com o ser divino como nenhuma outra experiência nesta vida consegue fazê-lo. Não se trata de uma realidade comum, pois Deus supera toda e qualquer realidade que os sentidos humanos captam. Deus é a realidade absoluta e, por isso, transcende à realidade sensível e limitada do nosso conhecimento pela via dos sentidos. Então, estamos falando de um encontro que trafega na via do Espírito e mergulha na plenitude do Mistério, para atingir o patamar do Tabor, onde Deus se revela assim como ele é. E ao fazer isto, revela também o ser humano a si mesmo e, desta forma, mostra a grandeza da vida.

Homens e mulheres de todos os tempos buscaram, conscientemente ou não, uma vida densa de sentido. E por isso, sempre se apoiaram em valores estáveis e promessas de um mundo melhor. Porém, hoje mais do que nunca, essa busca é urgente diante do fenômeno conhecido como pós-modernidade.

E o que é a pós-modernidade? É uma esfinge que faz de si mesma um enigma difícil de compreender. Tem no seu bojo valores, mas também perdas desastrosas. Traz na sua natureza a contradição que testa tudo e coloca a nu o que não tiver força de se afirmar por si mesmo. É uma proclamação absoluta da liberdade na radical dependência do que convém a cada momento e em cada situação da vida. Essa dependência é cruel e não pode forjar o amanhã, pois ele é mero resultado do que acontecer hoje. Por isso, a vida tornou-se um fenômeno mutante. A geração pós-moderna é mutante: ela não aceita valores definitivos nem modelos definidos. Refugiou-se num tipo de subjetivismo que não alimenta mais o sonho nem o compromisso, mas tão somente o prazer possível a cada momento como a abelha que suga o líquido doce de todas as flores sem comprometer-se com nenhuma, pois do néctar das flores que visita ela produz seu próprio mel.¹ A consequência para a vida religiosa e sua expressão litúrgica é muito preocupante:

> O caminho que abriu é a pura experiência religiosa por ela mesma, sem referência propriamente de verdade e de compromisso com uma fé. É o momento de fortes e intensas vivências do sagrado, mas praticamente sem uma vinculação com o seguimento de Cristo.²

É como se o ser humano pudesse afugentar todos os limites que o impedem de recriar-se arbitrariamente. A própria natureza perde o sentido. Embora haja algo de positivo, sobretudo por causa do desejo ardente de construir a própria história, é preciso ver se o material desta construção é apto para tal fim. Por isso, não se nega que é uma geração muito confusa e que não pode sequer se considerar perdida, pois perdido é quem errou o caminho, mas quando não se tem caminho pode-se estar perdido? Sofrida, sim, pela dor da violência de estar "seduzida pela liberdade de gozar, de usufruir dos bens, e viver o prazer" a todo custo. O resultado disso é a falta de paz. Essa geração precisa encontrar a paz que só Deus pode oferecer. Então, é preciso um encontro com Deus para salvar a vida quando ela encantou-se com a liberdade do prazer e se afundou no pântano das incertezas e no lodaçal do medo. Se Deus não iluminar cada pessoa e toda a sociedade, revelando-lhes quem são, o ser humano habitará as trevas fingindo que está na luz. Fabricará sorrisos encenando o teatro da vida, mas tendo que confrontar-se consigo mesmo fora do palco, vertendo, às vezes, lágrimas de sangue.

Este é o momento chave para se repropor a presença de um Deus Salvador. Não será por imposição, mas por proposição. Tampouco mero discurso, mas uma proposta válida que funciona de verdade.

Antes de tudo, é preciso também deixar claro que o encontro com Deus se dá de várias formas, mas a mais fantástica está na celebração do mistério pascal por meio da liturgia dos sacramentos e sacramentais. Por isso, *liturgia, sacramento* e *mistério* são três realidades afins que se cruzam no momento da celebração da fé.

---

¹ Cf. LIBANIO, João Batista. Itinerário da fé hoje a propósito da teologia da fé. In: *O itinerário da fé na "Iniciação Cristã de Adultos"*. São Paulo: Paulus, 2001. (Estudos da CNBB, p. 305.)
² Ibid., p. 306.

"Liturgia" e "sacramento" referem-se à celebração do mistério da fé. Liturgia é a celebração dos sacramentos e dos sacramentais, e estes só podem acontecer como celebrações litúrgicas. A palavra "sacramento" significa "sinal sensível", incluindo tudo o que a percepção dos cinco sentidos pode captar. Porém, *sacramentum* na sua origem latina tinha em primeiro plano um sentido jurídico referente tanto à caução que as partes em litígio depositavam no templo, como ao juramento que acompanhava este processo.[3] Tinha também a ver com a marca visível e indelével feita a ferro e fogo que os soldados romanos recebiam na carne para indicar sua pertença e dedicação até a morte ao império e ao imperador. Um detalhe importante é que o depósito em caução e a marca em ferro e fogo realizavam-se por meio de uma espécie de consagração de fidelidade aos propósitos indicados.

Tertuliano viu aí uma excelente metáfora para simbolizar "a marca na alma" que os cristãos adquirem para sempre no Batismo, consagrando sua pertença definitiva a Cristo e entregando sua vida ao seu Reino, por meio da Igreja. Neste caso, a marca na alma é invisível, não é mais o sacramento (sinal sensível); ela é um mistério, uma marca espiritual. O que é visível e, portanto, sacramental, é o rito pelo qual ela é adquirida.

Portanto, os sacramentos são celebrações rituais do mistério de Cristo, simbolizando e tornando presente a "realidade" que nos santifica e dá acesso à comunhão unitiva com o ser de Deus. Essa realidade que os sacramentos tornam presente vai ser abordada ao longo deste estudo, a fim de que possamos tomar consciência da sua força, com a qual "tomamos posse do mistério que celebramos", já que os sacramentos produzem o que realmente significam.[4]

Nesse sentido, fica mais lógico dizer que celebramos um "mistério sacramental". É mistério porque tem a ver com a ação sobrenatural de Deus no mundo, ordenando-o de acordo com o seu fim escatológico. O cume dessa intervenção é a Páscoa de Jesus, no sentido mais abrangente

---

[3] CHAUVET, Louis-Marie. Sacramento. *Dicionário crítico de teologia*. São Paulo: Paulinas/Loyola, 2004. pp. 1574-1582.

[4] "Ó Deus, que os vossos sacramentos produzam em nós o que significam, a fim de que um dia entremos em plena posse do mistério que agora celebramos": Missal Romano, 30º Domingo do Tempo Comum, Oração depois da comunhão.

da sua passagem visível por este mundo desde a encarnação até o Pentecostes. E é sacramental porque a celebração litúrgica do mistério se realiza por meio de sinais simbólico-sacramentais. Todo liturgista é um estudioso dos sacramentos, porque necessita de uma teologia sacramental para compreender a celebração da fé. Portanto, ao propormos um estudo da liturgia enquanto *encontro com Deus*, enveredamos numa compreensão sacramental que se enquadra no que Dionisio Borobio chama de *modelo personalista*, cujas categorias próprias navegam na "interpersonalidade" da "comunicação" que constitui a essência do "encontro".[5]

Antes de tudo, é preciso ressaltar que o protagonista desse encontro por meio da liturgia é o próprio Deus, pois ele é o autor primeiro da iniciativa. Para entrar em comunicação conosco, Deus utilizou-se do método natural da comunicação interpessoal e, por isso, tornou-se Pessoa, vindo à luz na noite de Belém, para ser ele mesmo a iluminação em meio às trevas dos desencontros humanos. Era mistério, pois o que se viu e ouviu foi uma criança chorando como todos os recém-nascidos. Ali estava uma Pessoa que veio para entrar em relação conosco, a fim de nos apresentar a proposta de uma salvação autêntica. Veio em primeiro plano para o seu povo, como diz o prólogo do Evangelho de João: "Veio para o que era seu e os seus não o receberam" (Jo 1,11).

Em segundo lugar, o motivo que leva Deus a ser protagonista brota do seu próprio ser, enquanto *amor*. Deus é amor e, por isso, toma a iniciativa de encontrar-se conosco. Neste sentido, afirma a oração litúrgica da memória dos mártires, que Deus é o amor que amou primeiro.[6] Trata-se, então, de um amor de fonte ou da fonte do amor. Podemos fazer a mesma leitura nas metáforas da luz. Quando rezamos na antífona da Liturgia das Horas: *Deus, em tua luz veremos a luz*,[7] referimo-nos à Luz que clareia a inteligência humana, e por meio da qual podemos ver com clareza todas as coisas. Sem dúvida, a inteligência humana, quando iluminada, é um fenômeno natural desta luz metafísica que não se sobrepõe simplesmente

---

[5] Cf. BOROBIO, Dionisio. Da celebração à teologia; o que é um sacramento. In: *A celebração na Igreja 1*. São Paulo: Loyola, 1990. p. 291.

[6] Cf. Missal Romano, Comum dos mártires, 2. Para vários mártires fora do Tempo Pascal. Oração depois da comunhão.

[7] Tempo Comum, Primeira Semana, quarta-feira, laudes, salmodia, antífona 1.

à nossa realidade humana, mas está inserida nela, porque já nascemos como parte deste mistério.

Para entendermos a natureza do amor divino, que, por amar primeiro, toma a iniciativa do encontro conosco, convém ressaltar o termo que o Novo Testamento emprega, sobretudo nos textos paulinos e nos escritos de São João,[8] para expressar tanto o amor de Deus como o amor cristão do mandamento novo.

Em grego há duas palavras que expressam a realidade do amor: *ágape* e *eros*. Ambas têm em comum um dado importante: necessariamente quem ama *sai de si* ao encontro da pessoa ou do objeto amado. Mas *ágape* e *eros* têm também uma diferença substancial: em *eros* a pessoa sai de si porque é atraída por uma força externa que a toca justamente num ponto fraco da sua "carência de ser". Ao passo que em *ágape*, quem ama sai de si porque, ao contrário, goza de uma "superabundância" de ser e tende a uma autodoação inexorável no sentido do transbordamento. Então, por carência ou transbordamento de ser, as pessoas necessariamente saem de si. Porém, as motivações são tão diferentes que o tipo de relacionamento e a postura de vida que brotam daí são completamente diversos.

Na verdade, a pessoa movida por *eros* sai em busca de si própria, tentando encontrar no outro o que lhe falta, enquanto que movida por *ágape*, vai simplesmente ao encontro do outro para partilhar com ele a plenitude do ser. Então *ágape* é um estado ontológico e metafísico, pois revela a verdade mais profunda do amor para além de todas as aparências. Aqui a filosofia e a teologia se irmanam. Como a filosofia é a clássica ciência da "busca da verdade" para além das aparências (físicas), o filósofo se apoia na metafísica para compreender a verdade do ser e de tudo que constitui a essência das coisas. Em outras palavras, procura compreender o que cada coisa é em si mesma e não somente nos seus fenômenos. Então, quando o filósofo se pergunta o que é o amor, busca sua metafísica e acaba mergulhando no mistério da sua verdade, superando a própria ciência, entendida no seu sentido moderno de conhecimento dos fenômenos pela via da causa e efeito. E quando encontra a metafísica do amor, o filósofo

---

[8] Cf. 2Cor 13,11; Ef 1,6; Cl 1,3; Jo 10,17; 15,9; 17,23-26; 1Jo 4,8.

depara-se com "o mistério da vida" e cede lugar ao teólogo, o qual dirá que o amor enquanto mistério tem a ver diretamente com o ser de Deus.

Assim, pode-se compreender que para São Paulo e para os Padres gregos, Deus é *ágape* e não *eros*, e pede-nos que sejamos também nós portadores deste amor *ágape* a todo o cosmo nas suas mais variadas criaturas. Por isso, o amor de Deus, derramado por meio dos sacramentos, tem a força de reestruturar as relações humanas e cósmicas. Quando homens e mulheres estiverem imbuídos de *ágape*, recriarão a harmonia que reinava no ato da criação, conforme Gn 1,26; serão a imagem do Criador e a semelhança de suas relações. Aí, então, poderão "dominar" a terra, pois o domínio do amor é o único e legítimo modo de se dar e receber afeto causando o bem mútuo. "Os peixes do mar, as aves do céu, os animais domésticos, todas as feras e todos os répteis que rastejam sobre a terra" (Gn 1,26) esperaram por esse dia sem ainda vê-lo, pois o domínio que o ser humano tem exercido sobre eles não é de amor, mas de exploração. No dia em que, por meio de Cristo, a verdadeira imagem de Deus se refletir nos seres humanos e a semelhança do modo de Deus amar tomar conta deles, a relação humana com o cosmo será de acordo com a harmonia de Deus. Cessarão as guerras e todas as coisas serão cuidadas com carinho, sobretudo a natureza, pois, então, o ser humano será o jardineiro do universo como era o plano de Deus na criação. Ao invés de um "vale de lágrimas" o mundo será o Monte Tabor.

Então, o encontro de que tratamos aqui tem como fundamento o amor *ágape*, que é "o amor *pessoal* em que o amante não busca nada senão afirmar-se em sua própria realidade substantiva".[9] Não se trata de uma inclinação natural na ordem da carência, como é o caso do amor *eros* em busca de satisfação, mas de uma inclinação na ordem do transbordamento, que só pode provir do amor *ágape*, que é "algo ontológico e metafísico" e que, portanto, só pode provir de Deus.

Nesse sentido, o desejo do encontro na ordem divina é o mesmo da permanência. Em outras palavras, o encontro de Deus conosco não é uma passagem fortuita pelo nosso mundo, mas um ato de permanência, e isto constitui a essência do *ágape*. Ao contrário, *eros* é sempre um

---

[9] ZUBIRI, Xavier. *El ser sobrenatural*, cit., p. 149.

estímulo da vontade, que, uma vez satisfeita, decreta o fim do desejo. Não há permanência, portanto, *eros* é uma passagem pelo mundo do outro e não um ato de permanência. *Ágape*, ao contrário, tende para a eternidade, pois constitui um desejo de permanência contínua, onde não existe satisfação final. Portanto, o desejo nunca chega ao fim e o prazer de estar no outro é perene. Quando Jesus diz: "permanecei no meu amor" (Jo 15,9), está indicando que o seu amor não é um fenômeno da vontade, pois se assim fosse seria impossível permanecer nele, mas uma realidade metafísica, essencial. O ato de permanecermos no amor de Jesus é a garantia da permanência de Jesus conosco e também a garantia da possibilidade de darmos frutos (cf. Jo 15,4). A permanência constitui um estranhamento tão profundo entre o que permanece e aquele que é a fonte da permanência, no caso, Jesus, que a pessoa e a palavra se fundem: "se permanecerdes em mim, e minhas palavras permanecerem em vós..." (Jo 15,7). Isto significa que *ágape* não é apenas uma vontade de amar, mas é o ser mesmo do amor. Por isso, o verbo *ménein* em grego, permanecer, indica que o amor *ágape* é anterior ao movimento da vontade e jamais se esgota em satisfações realizadas. O desejo e a satisfação não se diferenciam como estágios. Quanto mais se deseja, mais se compraz em desejar. Não há nenhuma ação predominantemente humana que goze de tal abundância de ser.

É do *ágape* que brota a vontade de amar que chamamos de caridade, como virtude moral. A caridade é uma manifestação da vontade que nos move, porque "estamos já previamente instalados na situação metafísica do amor".[10] Portanto, a tendência ao encontro é fruto de um sentimento profundo e superior onde a alegria de estar no outro é a motivação central do encontro. É por isso que a *mesa* é constantemente associada ao *ágape*, pois nela o encontro se celebra e o estar juntos é a maior satisfação dos comensais. É por isso também que virtudes muito prezadas pela ética cristã, como a castidade, só podem brotar do amor *ágape*. Em outras palavras, são consequências de um estado anterior à vontade, forjado pela participação do ser humano no dom de Deus, que é pura graça. Isto significa que o amor cristão é *ágape* e não *eros*. Como *ágape* não é um amor humano, mas divino, para que possamos amar

---

[10] Ibid., p. 149.

com este tipo de amor, é necessário que *o amor de Deus seja derramado em nossos corações*, e isto constitui a essência da esperança (cf. Rm 5,5). Como veremos ao longo deste estudo, o momento peculiar deste derramamento do amor de Deus é a celebração litúrgica da Igreja. Neste aspecto, os sacramentos ocupam um lugar especial, dentre os quais os sacramentos da iniciação cristã são nossa iniciação no mistério do *Amor*. Como diz Romanos 5,5, este derramamento acontece por obra do Espírito Santo. Portanto, tem razão a Tradição Apostólica, quando afirma que a Igreja é o lugar onde o Espírito Santo floresce.[11] Se formos fiéis à origem do termo *ecclesia*, temos que admitir que ele caracteriza o momento litúrgico constituído pela reunião dos que celebram a fé. Portanto, é na liturgia que o Espírito Santo floresce.

Então, o encontro circula no âmbito do *mistério*. Mistério tem a ver com o ser de Deus, entendido sob o prisma da teologia paulina aprofundada pelos Padres gregos. O ser de Deus é a plenitude do *ágape*, é puro amor. Por ser *ágape*, o amor de Deus é um amor de caráter pessoal, cuja nota principal é a *liberdade*. Somente a liberdade pode fomentar a autodoação. Então, liberdade e autodoação constituem um binômio inseparável da metafísica do amor, de tal forma que podemos dizer com segurança que quem se fecha em si mesmo é escravo. O escravo não se doa, mas é espoliado de sua vontade. Por isso, a escravidão é uma negação da pessoa. Os cristãos descobriram que há um reduto intransponível que se aloja na intimidade da pessoa, que é a alma. Podem tomar o corpo, mas a alma jamais. Ela é o baluarte da nossa liberdade. Então *ágape* é aquele amor profundo que se aloja na alma.

O mistério de Deus, revelado plenamente em Jesus Cristo, mostra que a liberdade de Jesus levou-o até o Calvário, o exemplo mais contundente de autodoação. O Deus trino é a exaltação do "ser pessoa" na plenitude da liberdade e da autodoação entre as Pessoas divinas, autodoação que não se fechou no círculo intratrinitário, mas se projetou e objetivou-se no processo da criação-redenção-santificação. Esse é o Mistério maior que faz de Deus um Deus do *encontro*. Por isso mesmo, o amor de Deus

---

[11] *Propterea unusquisque sollictus sit ire ad ecclesiam, locum ubi spiritus sanctus floret*: TA, 41; BOTTE, Bernard. *La tradition apostolique de Saint Hippolyte*. Münster: Wartfalen, 1989.

para conosco é um amor pessoal, feito de liberdade e autodoação. É esta a base teológica para discorrermos sobre o encontro que a liturgia proporciona entre o homem e Deus, lembrando novamente que este encontro se enquadra no modelo sacramental personalista. Contudo, nenhum dos outros modelos está excluído.

Além do modelo personalista, Borobio fala de mais quatro modelos: o *modelo sacramental*, o *modelo da palavra*, o *modelo simbólico* e o *modelo libertador*. O modelo sacramental tem como base a "sacramentalidade" da liturgia aplicada às diversas realidades que compõem a essência do sacramento: Cristo, a Igreja, o homem, o mundo, o próprio sacramento. Já o modelo da palavra tem a "linguagem" como categoria fundamental de interpretação do sacramento. O modelo simbólico fundamenta-se no símbolo para explicar a essência do sacramento como expressão dos mistérios da fé. Aí se ressalta, sobretudo, a transcendência como possibilidade sacramental. Por fim, o modelo libertador ressalta a categoria de liberdade e de esperança que os sacramentos proporcionam na história da pessoa e do mundo.

O enfoque principal do modelo personalista remete ao encontro pessoal entre Deus e cada fiel que, por meio da liturgia, faz uma experiência transcendente. Aqui se supõe o modelo simbólico. Já os sinais sensíveis do modelo sacramental e os símbolos do modelo simbólico são caminhos para a realização profunda do encontro com o Deus-Pai, mediado por Jesus Cristo e animado no Espírito Santo. Não há como não admitir uma experiência de profunda libertação que toma conta de quem se encontra com Deus, abrindo-se a todas as repercussões históricas. Daqui nasce o mártir, o cristão politicamente comprometido, o católico coerente, o confessor da fé. Todas estas posturas e atitudes não se sustentariam sem o encontro pessoal com Cristo. Parece que é isto o que todos buscam na liturgia quando têm motivações mais profundas do que o mero cumprimento de um preceito.

Nesse sentido, "os sacramentos não são coisas, mas atos pessoais que exprimem um encontro da graça entre o homem e Deus na Igreja".[12] Encontrar-se com Deus numa dinâmica interpessoal e retomar

---

[12] BOROBIO, Dionisio. Da celebração à teologia, cit., p. 291.

o dinamismo da vida cotidiana seguro de ter realizado uma comunicação direta com o Invisível são atitudes que constituem o ponto mais alto onde cada fiel pode chegar nesta terra por meio do culto da Igreja. É o patamar que a liturgia terrestre atinge, beirando as realidades transcendentes da liturgia celestial. Por isso, a repercussão enquanto resultado objetivo é uma restauração da pessoa e da comunidade.[13]

Nessa perspectiva se colocam os últimos documentos do Magistério, como, por exemplo, o Documento de Aparecida.

O discipulado e a missionariedade nascem do encontro pessoal com Cristo [....]. E desse encontro de fé com Cristo nasce a alegria de ser cristão, discípulo e missionário do Evangelho da Vida para os povos do nosso continente [...]. Do seguimento emanam o amor aos irmãos e o compromisso com a missão.[14]

O Papa Bento XVI é um fervoroso defensor do princípio de que só pode ser discípulo e missionário de Jesus Cristo, como também provocar as devidas mudanças no mundo, quem realizar um encontro pessoal e íntimo com ele,[15] isto é, com a pessoa de Jesus, que é o centro da vida cristã e a motivação segura para qualquer atitude de fé.[16]

---

[13] Nesta perspectiva, ler: COSTA. Valeriano Santos. *Celebrar a Eucaristia*; tempo de restaurar a vida. 2. ed. São Paulo: Paulinas, 2007.
[14] CELAM. *Documento de Aparecida* 19.
[15] Cf. Exortação apostólica pós-sinodal *Sacramentum caritatis* 85.
[16] CELAM. *Documento de Aparecida* 19.

A importância do encontro com Deus na liturgia da Igreja

A importância do encontro com Deus na liturgia da Igreja é maior do que se possa imaginar à primeira vista tanto para a celebração da fé em sua natureza ritual como para buscar a resposta das questões eclesiais e continentais que hoje estão em pauta, como a evasão dos católicos[1] e a baixa frequência à missa. Mas, sobretudo, é uma resposta à questão já levantada no capítulo anterior, que é a subjetividade pós-moderna. Se, de um lado, a subjetividade do compromisso esmaeceu porque "nem só de luta vive o homem", por outro, não é a subjetividade da abelha, parafraseando Libanio, na absoluta liberdade de sugar todas as flores sem se comprometer com nenhuma, que leva à realização do ser humano e da sociedade. O resultado está aí. A busca do prazer sem limite e a todo o momento não preencheu o coração humano com aquele sentimento duradouro de alegria e paz. Há um vazio a ser preenchido com uma força subsistente e um sentimento consistente.

Mas podemos ir mais longe ainda. Diante da violência em tempos de "paz" e das atrocidades em tempos de "guerra", perguntamo-nos: quando o ser humano vai finalmente encontrar a harmonia consigo mesmo e com a natureza? Que inquietude é esta, que o arrasta para a dor e o desespero? Parece que por não conseguir suportar-se, inventa a própria ruína de mil maneiras. A liturgia da Igreja apresenta o melhor caminho onde a natureza peregrina da raça humana pode encontrar a paz. Não se trata apenas de um simples alívio ou de um mero calmante, mas de uma resposta radical, forjada pela companhia de um Caminheiro radical, Companheiro de passos, que sabe respeitar o compasso e explicar todas as coisas. Mesmo caminhando ao lado, tem a delicadeza de bater à porta para entrar, pois espera ser convidado para ficar e cear. De Emaús aos nossos dias, ele continua nos caminhos da Eucaristia, sempre a nos acompanhar. É a Delicadeza total ou a suprema manifestação da delicadeza do Altíssimo. É neste rumo que segue este nosso escrito, pois se a liturgia promove o encontro com Deus, ela é a reveladora da delicadeza que brota na fonte do Amor.

---

[1] A este respeito ver: JACOB, César Romero. *Atlas da filiação religiosa e indicadores sociais no Brasil*. São Paulo/Rio de Janeiro/Brasília: Loyola/Editora PUC/CNBB, 2003.

Antes de estudarmos o que é o *encontro* em sua natureza implicada com a *delicadeza*, que é o tema do próximo capítulo, posicionamo-nos contrários ao enquadramento da liturgia no campo moral, pois isto reforçaria o conceito de que participar da Missa e dos outros sacramentos é uma norma de procedimento e não um ato de amor e adesão ao mistério de Cristo. Se a missa for, sobretudo, o cumprimento de um preceito, então, faz sentido encurtar distância e tempo multiplicando igrejas em cada esquina, e cada uma disputar a Missa mais curta. Porém, isso significaria a erosão do maior mistério que jamais a humanidade conheceu depois dos eventos do Cenáculo e do Calvário. É constrangedor e doloroso constatar em nossa realidade que os católicos, em sua maioria, não vão à missa dominical.[2] Daí, a alcunha de "católicos *praticantes*" para aqueles que vão à missa dominical. Por outro lado, é desagradável perceber que alguns que vão por obrigação não tiram os olhos do relógio, sequiosos de ver encerrado o supremo ato litúrgico eucarístico, que Santo Tomás chama de "principal entre os sacramentos, pois todos os outros sacramentos para ele se ordenam como para um fim",[3] simplesmente para sentir-se no ágio de um dever cumprido. É claro que a questão não é tão simplista a ponto de julgarmos que se alguém não tira os olhos do relógio durante a missa seja um cristão de dever e não de convicção. Também pode faltar autenticidade na liturgia celebrada. No pós-Concílio, ocorreram problemas ainda disseminados que levaram as assembleias litúrgicas a um generalizado cansaço. Passou-se de situação pré-conciliar em que as assembleias litúrgicas sofriam uma espécie de *ancilose*[4] para um tipo de mobilismo pós-conciliar que descaracterizou a liturgia como ação ritual. Daí, a necessidade de tantas instruções pós-conciliares. Portanto, a adaptação da liturgia, segundo Goenaga, constitui um tema polêmico:

> As instruções conciliares de simplificação ritual eram necessárias para revisar uma liturgia anquilosa há séculos. Mas as fórmulas empregadas não foram felizes ou foram objeto de mal-entendidos no ambiente des-

---

[2] Segundo a pesquisadora Silvia Fernandes, os católicos que vão à missa semanalmente totalizam 21%. Disponível em: <http://ultimosegundo.<ig.com.br/brasil/papa_no_brasil/2007/04/17/a_diversificacao_religiosa_e_a_fuga_da_igreja_catolica_753981.html>.

[3] *Suma Theologiae*, III, 65,3.

[4] Doença que trava as articulações e gera imobilismo.

sacralizador (...) Os textos ensejaram "celebrações" descuidadas de sua riqueza ritual, com pretensão de clareza, fácil compreensão, adaptadas como se dizia, à capacidade intelectual dos fiéis, didáticas, em termos de fé (temáticas) e moralizantes no tocante ao sinal religioso e humanista.[5]

Um dos temas de maior alcance da Constituição *Sacrosanctum Concilium* sobre a Sagrada Liturgia, do Concílio Vaticano II, é a catequese fundamental sobre a natureza da liturgia da Igreja. Os longos anos de aprofundamento da natureza da liturgia e do seu significado para a vida da Igreja e do fiel proporcionaram-nos uma visão muito mais profunda da ação que nos leva mais longe do que qualquer outra ação possa levar, por causa das graças da maravilhosa intervenção de Deus na História, que a liturgia possibilita ao modo do Pentecostes. A liturgia é mais do que um dever a cumprir; é antes de tudo, ação simbólica. Por isso não se entende ou se explica tanto como se percebe, ela não é tanto didática e moralizante quanto celebrativa.[6] Portanto, não se vive a liturgia como um cumprimento de um dever, mas como um encontro com o próprio Redentor e, por meio dele, com o Pai, no Espírito Santo. Então, realizamos de forma privilegiada o encontro com Deus por meio das ações litúrgicas.

Essa visão levanta a hipótese de que a falta do encontro pessoal com Jesus Cristo é o motivo principal do porquê de um país tradicionalmente de maioria católica, como é o nosso, passar por um processo de evasão do Catolicismo tão marcante de algumas décadas para cá.[7] E não aconteceu antes porque não havia tanta possibilidade de diversificação religiosa, embora muitos tentem encontrar uma explicação a partir das mudanças culturais pós-modernas ou simplesmente por causa do proselitismo

---

[5] GOENAGA, José Antonio. A vida litúrgico-sacramental da Igreja em sua evolução histórica. In: BOROBIO, Dionisio. Da celebração à teologia, cit., p. 138.

[6] Ibid., p. 138.

[7] "Entre 1980 e 1991, a supremacia católica começa a sofrer fissuras. Nesse período, os católicos perdem 5,7 pontos percentuais, enquanto os evangélicos aumentam 2,4 pontos e os sem religião apresentam um crescimento relativamente alto, de 3,1 pontos. O recenseamento demográfico de 2000 não apenas confirma a tendência ao longo da década anterior (1980-1991), mas sobretudo revela a sua aceleração: os católicos perdem 9,4 pontos percentuais e representam agora 73,9%, ou seja, cerca de três quartos da população do país. Ao contrário, os evangélicos crescem 6,6 pontos, sendo os pentecostais o principal motor desta transformação. Já os sem religião registram um aumento de 2,7 pontos". JACOB, César Romero. *Atlas da filiação religiosa e indicadores sociais no Brasil*, cit., p. 33.

acirrado e anticatólico do movimento evangélico. Porém, podemos encontrar reforço para nossa hipótese em dados históricos relevantes que averiguamos em autores como Caio Prado Junior, o qual afirma em seu estudo sobre a formação do Brasil colonial que o povo

[...] participará dos atos da Religião, das cerimônias do culto com a mesma naturalidade e convicção que de quaisquer outros acontecimentos banais e diuturnos da sua existência terrena; e contra eles não pensaria um momento em reagir. Será batizado, confessará e comungará nas épocas próprias, casar-se-á perante um sacerdote, praticará os demais sacramentos e frequentará festas e cerimônias religiosas com o mesmo espírito com que intervém nos fatos [...] da sua vida civil.[8]

Essa postura acrítica revela a falta gritante de uma iniciação mais profunda na prática da fé que assegure o encontro pessoal e definitivo com Aquele que se torna o eixo de uma vida nova. Seguir Jesus Cristo não é natural ou tão comum como ser cidadão de um país. Participar do culto cristão com a mesma convicção de um ato banal é banalizar os ritos, que necessitam de um patamar mínimo de fé e adesão ao mistério de Cristo. Nossas ações comuns fazem-nos deparar com o trivial. Já as ações cultuais possibilitam o encontro com Deus. Não é mais uma experiência comum nem um ato corriqueiro, mas uma iluminação do "Tabor", um momento de transcendência. Se num período da história era "inconcebível e inconcebida uma existência à margem da Religião e da Igreja",[9] num outro período cultural diferente, a convicção religiosa pode tornar-se um fator decisivo para a pertença à Igreja e para a participação em sua liturgia.

Segundo Caio Prado Junior, as relações familiares em toda a massa da população colonial não se processaram em *clima de família*, mas na "indisciplina de costumes", redundando em "larga disseminação da prostituição".[10] Ora, a família é um valor supremo do Cristianismo. Somente por causa do Reino de Deus podem-se romper-lhe os seus

---

[8] PRADO JUNIOR, Caio. *Formação do Brasil contemporâneo*; colônia. São Paulo: Brasiliense/Edifolha, 2000. p. 335.

[9] Ibid., p. 336.

[10] Ibid., p. 366.

laços. Na tradição cristã, o adultério é pecado gravíssimo e se situa no mesmo patamar do assassinato e da abjuração da fé. Se no processo de implantação da fé católica no Brasil era tão natural ser católico quanto ser brasileiro, a ética cristã ficou gravemente prejudicada, de tal forma que se podia ser cristão sem compromisso com o Evangelho em suas grandes linhas. Neste contexto, o movimento protestante e, agora, o evangélico encontraram tanto espaço num país de tradição católica. Temos que admitir sem constrangimento que o processo de iniciação na fé católica foi muito artificial. Muitas vezes, o próprio clero se confundia com funcionários do Estado. Nessa perspectiva, a liturgia da Igreja deixa de ser uma ação sacramental de encontro com Deus, e torna-se um ritualismo externo, uma veste para confirmar o status ou, quando muito, para buscar favores divinos mediante cumprimento de deveres sagrados que sempre deixam multidões fora da perspectiva religiosa.

Dionisio Borobio, ao descrever a iniciação cristã na América Latina, afirma:

> E esta tarefa se realizava, sobretudo, por meio da catequese, da doutrina e da mesma escola, como meios evangelizadores; aos que acompanhavam (além dos sacramentos do modo que estamos vendo) outros meios de religiosidade popular como as confrarias, as representações teatrais, a música e o canto; e de modo peculiar os meios testemunhais e do bom exemplo, que por desgraça se deram com demasiada pouca frequência.[11]

Não se tratava apenas de uma dificuldade que a vida cristã enfrentava para manter os vínculos familiares, mas de uma articulação com uma religiosidade festiva sem respeito aos vínculos familiares, porque fazia das festas religiosas atração social e pretexto para romper-se a ética matrimonial ou celibatária. É isto que entendemos, ao ler Mário Ypiranga, falando dessa questão no contexto amazonense, na primeira fase do Brasil colônia:

---

[11] BOROBIO, Dionisio. *La iniciación cristiana*; Batismo. Educación familiar. Catecumenado. Confirmación. Comunidad Cristiana. Salamanca: Ediciones Sígueme, 2001. p. 208.

De qualquer modo essas concentrações festivas favorecem, no interior do estado, a expansão do pequeno comércio de troca de flutuantes e das barracas onde o festeiro-mor faz de negocista e os regatões acodem como formiga em açucareiro. São festas de enorme atração social, com repercussão no ânimo dos celibatários.[12]

Então é preciso reiniciar o processo da fé e reevangelizar a cultura. O que possibilita a adequação da vida ao mistério de Cristo é o encontro com Jesus Cristo, preparado pelo anúncio do Evangelho e realizado pelos sacramentos da Igreja.

---

[12] MONTEIRO, Mário Ypiranga. *Culto de santos & festas profano-religiosas*. Manaus: Imprensa Oficial, 1983. p. 33.

A natureza do encontro enquanto delicadeza

No capítulo "O encontro sacramental com Cristo no coração da liturgia" abordamos um aspecto teológico do encontro de Deus conosco, frisando que ele nasce do ser de Deus enquanto amor *ágape*. Isso serviu para embasar os aspectos mais profundos da antropologia do amor. Dentre esses aspectos destaca-se a delicadeza, que é o tema que aprofundaremos neste capítulo.

Antes de analisarmos a palavra "delicadeza" no contexto do encontro, relembramos o que já foi dito no início a respeito da índole do "movimento da vida", segundo Xavier Zubiri.[1] Somente esse movimento íntimo pode ser o movimento do amor *ágape*, que, por sua vez, é o promotor do encontro. É um movimento que tem na sua essência a espessura da delicadeza e a beleza da bondade.

No *Dicionário Aurélio*, o verbete *delicadeza* apresenta múltiplos significados, dentre os quais se destacam a *finura* e a *leveza*, que, de certa forma, estão embutidas nos outros. A finura se contrapõe à *grossura*, e a leveza ao *peso*, que é a *pressão* exercida pela massa de um corpo contra outro. Portanto, o que é fino, justamente é leve, porque não pressiona nem faz contrapeso e, portanto, acaba sendo macio e brando, a ponto de curva-se para não pressionar nem ferir.

No âmbito dos significados da delicadeza há dois elementos aparentemente estranhos, mas que combinam com a natureza da delicadeza. É a *fraqueza* e a *perspicácia*. Aliás, ambas se complementam e nisso se revela a sagacidade da perspicácia, que, por meio de uma aparente fraqueza, consegue superar as barreiras humanas e penetrar no mundo alheio pela via da atenção, da cortesia e da ternura. Então, a delicadeza tem ao seu interno uma espécie de fraqueza, que atua no jogo da perspicácia. Juntas compõem o estrato da esperteza que evita a insensatez da força bruta, sabendo usufruir da capacidade afetivo-intelectual dos humanos. Isso quer dizer que o encontro só se realiza na medida em que não há pressão, mas sim proposição. A suavidade da leveza, associada à sensibilidade e à sutileza, propicia a abordagem correta para que dois mundos diferentes e até contrapostos se encontrem e se perpassem num gesto de acolhimento. Aí também se encontra a chave bíblico-teológica da revelação.

---

[1] Cf. ZUBIRI, Xavier. El ser sobrenatural, cit., p. 150.

O encontro, no sentido bíblico, denota um tipo de comunhão muito especial, no contexto de uma relação de *busca do coração*. Assim como o verbo "conhecer", aplicado a um casal, no sentido semítico significa "ter relações conjugais"[2] (encontro corporal): *disse Maria ao anjo: como é possível isto, se eu não conheço homem algum?* (Lc 1,34), a comunhão que é fruto de um encontro espiritual vai muito mais longe, pois perpassa as individualidades e constrói uma interpenetração de almas. São esses encontros que dão o substrato da existência, a beleza da vida e a leveza do ser.

Ao encontro precede a busca. Jesus proclama: *quem procura encontra* (cf. Mt 7,8). A busca que tende ao encontro é movida pelos afetos do coração: *busquei o amado da minha alma* (Ct 3,3). Segundo a Bíblia de Jerusalém, o tema que envolve os versículos onde se situa este trecho do Cântico dos Cânticos poderia intitular-se: *o amor perdido e reencontrado*. É o tema da busca, próprio dos poetas e enamorados, cuja audácia é prova de um amor apaixonado.[3]

O *encontro* não é uma relação qualquer, "[…] é um caso particular de presença que não é tematizável, exprimível conceitualmente, mas nos remete à escuta, à resposta e à própria relação com o outro. Reivindica socialidade que é responsabilidade e fidelidade".[4] São assim os encontros de Deus para conosco.

São João, um amigo sincero e um seguidor fiel de Cristo, foi capaz de perceber a delicadeza que a objetividade da encarnação do Verbo nos legou: "O que era desde o princípio, o que ouvimos, o que vimos com os nossos olhos, o que contemplamos, o que nossas mãos apalparam do Verbo da vida….vo-lo anunciamos" (cf. 1Jo 1,1). Palavras tais só podem traduzir tamanha delicadeza porque brotam de um coração que encontrou o Senhor e com ele estabeleceu uma amizade que os limites humanos não podem romper.

---

[2] Cf. BÍBLIA de Jerusalém, nota *v*, comentário ao texto: "Disse Maria ao anjo: 'Como é possível isto, se eu não conheço homem algum?'" (Lc 1,34).

[3] Cf. BÍBLIA de Jerusalém, nota *z*, comentário a Ct 3,1.

[4] MARDONES, José María. *A vida do símbolo;* a dimensão simbólica da religião. São Paulo: Paulinas, 2006. p. 110.

A delicadeza da encarnação foi uma forma carinhosa de Deus aproximar-se de nós. Não houve barulho, mas sim um silêncio fenomenal. Sem assustar nem se gabar, ele desceu ao nosso nível e escolheu pessoas muitos simples, mas muito comprometidas com o senso da vida, para iniciar uma caminhada conosco.

Nesta mesma linha de delicadeza, o lugar do nascimento de Jesus é discreto e periférico, fora da casa, "porque não havia lugar para eles na sala" (Lc 2,6-7). Sala aqui pode indicar a parte interna da casa onde moravam os parentes de José.[5] Foi do lado de fora, numa manjedoura, que ele nasceu; onde uma lenda piedosa não tardou a colocar dois animais, talvez para reafirmar o cumprimento da profecia de Isaías: o *boi conhece o seu dono, o jumento, a manjedoura do seu Senhor, mas Israel não foi capaz de conhecer* (Is 1,3). É como se os animais tivessem a delicadeza de reconhecer o seu Dono, em desagravo à indelicadeza dos homens, que deixaram fora da casa o seu próprio Rei recém-nascido.

Será que dentro da casa ouviram os primeiros sinais da sua existência humana? Então, logo ao nascer, ele já estava do lado de fora batendo à porta para despertar a nossa sensibilidade. Sua relação conosco se inicia, portanto, por meio do sentido mais delicado e complexo, cuja anatomia é uma das mais ricas dos órgãos humanos: *o ouvido*. Por isso João, no texto citado acima, inicia: *o que ouvimos...* Antes de tudo, Jesus é Palavra, isto é, uma verdade para ser pregada, um *som* para ser ouvido, um Deus para ser escutado.

As atitudes de Jesus no seu ministério público foram sempre muito delicadas, sobretudo com as crianças, os pobres, os doentes e marginalizados. "Manso e humilde de coração" (Mt 11,29) é o "epíteto dos pobres"[6] que ele arroga para si, combinando com a figura do Servo, "que não discutirá nem clamará" (Mt 12,19).

Depois da ressurreição, Jesus continua sem se cansar de sua delicadeza. Ele está à *porta e bate* à espera que alguém o ouça (Ap 3,20). São batidas suaves, mas persistentes, que só ouvidos delicados podem captar.

---

[5] Cf. BÍBLIA de Jerusalém, nota *u*, referente ao texto de Lc 2,7.
[6] Cf. Ibid., nota *b*, referente a Mt 18,29.

A afirmação *estou à porta e bato* denota a presença do mistério pascal no mundo por meio da Igreja. Entre o ouvir as batidas e a entrada para ceia, tem de haver a "abertura da porta", decisão que só compete à pessoa tomar. É assustadora a insensibilidade humana diante da suprema delicadeza de Deus, que respeita o livre arbítrio até as últimas consequências. Durante todo o correr de uma vida, Deus fica do lado de fora batendo sem parar, mas com a singeleza de quem aguarda o acolhimento para entrar. No caso de os ouvidos captarem suas batidas, começa um processo de iniciação na fé, que parte do Batismo, passa pela Crisma e culmina com a Eucaristia.

A grande diferença em relação a Deus é que ele é o poeta apaixonado, e nós, o seu povo amado. Segundo as Escrituras, Deus está sempre em busca do homem, pois, quando este o busca, descobre que Deus, tendo-o amado primeiro, se pôs em sua busca para atraí-lo e levá-lo ao Filho. Essa atitude protagonista de Deus revela a anterioridade do amor que gera um movimento profundo do coração divino,[7] fazendo do Criador um apaixonado pela suas criaturas.

A dimensão da busca de Deus aparece claramente na liturgia. Deus marca o encontro conosco todos os domingos e, assim, adentramos a mesma sala santa, onde uma santa Ceia precedeu o drama da Paixão do Filho de Deus. Quando chegamos aí, ele já está à nossa espera, assim como a busca está para o abraço, e o desejo para a fruição.[8] Ele encontra-se conosco, fazendo com que uma cortina se abra para o transcendente e nossos olhos desvendam-se, possibilitando-nos adorar o Pai, em Espírito e Verdade (Jo 4,24).

Se a mesa eucarística é o nosso ponto de encontro com Deus, toda a liturgia se situa nos raios desta mesa. Toda ela funciona como um roteiro bem traçado, para que não ocorra nenhum desvio do mistério pascal. Nos sete sacramentos e nos sacramentais, este roteiro é assegurado.

---

[7] Cf. GALOPIN, Pierre-Marie. Buscar. In: LÉON-DUFOUR, Xavier (org.). *Vocabulário de Teologia Bíblica*. Petrópolis: Vozes. (Col. 115.)

[8] Cf. LEON-DUFOUR, Xavier. Repouso. In: LÉON-DUFOUR, Xavier (org.). *Vocabulário de Teologia Bíblica*. Petrópolis: Vozes. (Col. 879.)

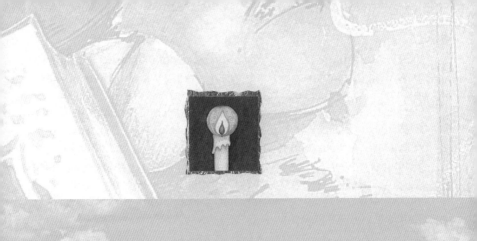

Os sacramentos da iniciação: a suprema delicadeza de Deus

O que aconteceu com São João acontece com todas as pessoas que percorrem o itinerário dos três sacramentos da iniciação cristã, fazendo deles liturgias de coração. O processo que pode levar à abertura do coração tem como base uma realidade muito concreta e viva: "alguém está à porta". É o mistério pascal de Cristo, morto e ressuscitado, que nos interpela em nossos corações. O estar à porta combina com a parábola do semeador, contada pelos três evangelhos sinóticos (Mt 13,3ss; Mc 4,3ss; Lc 8,5ss). O enfoque principal desta parábola tem a ver mais com a grande colheita obtida devido ao papel insistente do semeador, do que com a colheita perdida por causa dos terrenos impróprios, para onde se transferiu posteriormente a interpretação da parábola.[1] Foram tantas as sementes que se perderam que o ouvinte pode imaginar o fracasso da colheita. Mas ao deparar-se com o resultado inédito, onde umas poucas sementes produziram até cem por uma, a atenção não se volta mais para as sementes perdidas, que perdem todo o relevo, mas para as que produziram frutos. É assim o amor de Deus em nossos corações: o que produz frutos compensa todas as perdas.

É por meio dos três sacramentos da iniciação, Batismo, Crisma e Eucaristia, que Jesus semeia o amor de Deus em nossos corações, pois esses sacramentos abrem o caminho para o nosso encontro com Deus e, ao mesmo tempo, possibilitam que este encontro se perenize até o fim da história, quando aparecerá definitivamente Aquele-que-era, Aquele-que-é e Aquele-que-vem (Ap 4,8). Depois não haverá mais história. Até lá, nosso encontro com ele é possível porque ele se encontrou conosco, quando assumiu nossa carne e tornou-se visível aos nossos olhos; em outras palavras, deixou-se captar pelos nossos sentidos. Foi essa a pedagogia que escolheu para chegar ao nosso coração.

Os três sacramentos operam uma radical recriação de nossas vidas. A partir daí, passamos a fazer parte da nova criação inaugurada por Jesus. Nessa criação, o amor *ágape* fecunda as relações humanas, porque passamos ao patamar da situação metafísica do amor. Homens e mulheres recebem a graça de viver em suas vidas o amor divino que é

---

[1] Cf. FRONASARI, E.; TOMMATIS, G. *Commento della Bibbia liturgica*. Milano: Paoline, 1986. p. 934.

derramado pelo Espírito Santo em seus corações. "Santo não é senão o divino. Aplicado à terceira pessoa, indica que o espírito vem de Deus e é Deus [...]. E uma das suas obras é a deificação do homem".[2] Portanto a obra da santificação que a liturgia da Igreja promove entre os cristãos era chamada pelos Padres gregos de "deificação". O que define radicalmente não se tratar de uma idolatria é que a deificação é um dom de Deus, já a idolatria é um atentado ineficaz do homem de se apossar do Espírito de Deus. Na deificação, é o Espírito de Deus que se apodera do ser humano e o transforma nele mesmo, como podemos verificar nesta oração litúrgica:

> Possamos, ó Pai onipotente,
> saciar-nos do pão celeste
> e inebriar-nos do vinho sagrado,
> para que sejamos transformados
> naquele que recebemos.[3]

Ser deificado é ser colocado no patamar divino. Isso ocorreu de forma geral com a humanidade quando o Filho de Deus se encarnou, ou seja, assumiu uma humanidade semelhante à nossa para que pudéssemos ser interiormente transformados por ele.[4] Diria São Paulo, sermos transformados *nele*. Trata-se, portanto, de "participação" e não de aquisição da divindade. É iniciativa de Deus esta troca de dons entre o céu e a terra: "[...] o céu e a terra trocam os seus dons, e dai-nos participar da divindade daquele que uniu a vós a nossa humanidade".[5] É essa deificação que define realmente o ser da "nova criatura": "Pelo vosso Filho nos fizestes nova criatura para vós. Dai-nos, pela vossa graça, participar da divindade daquele que unia a vós a nossa humanidade".[6] Então, como o nivelamento por alto, nós subimos ao patamar de Deus, ao adquirirmos a graça do amor *ágape*, para transformar nossas relações em oblação de nós mesmos, superando assim a força de *eros* que nos limita em nossas carências.

---

[2] Ibid., p. 172.
[3] Cf. Missal Romano, Tempo Comum, 27º Domingo, Oração depois da comunhão.
[4] Cf. Missal Romano, Tempo do Natal, Festa do Batismo do Senhor, Oração do Dia, *ad libitum*.
[5] Cf. Missal Romano, Tempo do Natal, Missa da noite do Natal, Oração sobre as Oferendas.
[6] Cf. Missal Romano, Tempo do Natal, sábado depois da Solenidade da Epifania, Coleta.

Os gestos e os sinais sacramentais para simbolizar estes três sacramentos que nos levam à abertura da porta do coração e à mesa da comunhão são também dotados de grande delicadeza e beleza. Normalmente, até hoje, os ritos de passagem nos processos culturais de iniciação são difíceis e até violentos, constituindo provas duras e, às vezes, perigosas, cuja ultrapassagem concede o status de iniciado.

Batismo: a abertura sacramental dos ouvidos

O último rito do Batismo de crianças é o *Efatá*. Como o termo indica e o próprio Jesus explicou, *Efatá* quer dizer: "Abre-te" (Mc 7,34). Trata-se da *abertura* dos ouvidos e, consequentemente, da boca, que são articulações conjugadas, para que o novo cristão possa ouvir a Palavra de Deus e professá-la, como indica a oração que acompanha o toque dos ouvidos e da boca do recém-batizado: "O Senhor Jesus, que fez os surdos ouvir e os mudos falar, te conceda que possas logo ouvir sua Palavra e professar a fé para louvor e glória de Deus".[7]

Já na iniciação cristã de adultos, o *efatá* é um dos últimos ritos da preparação imediata dos "eleitos" para recepção dos três sacramentos da iniciação cristã, Batismo, Crisma e Eucaristia, normalmente na vigília pascal. Então, o *efatá* acontece no sábado santo pela manhã ou no começo da tarde. Tem como leitura bíblica própria o evangelho de Marcos 7,31-37, em que consta justamente a cura do surdo que falava com dificuldade (Mc 7,32). Foi uma cura por meio de toque. O olhar de Jesus se dirigiu ao céu (Mc 7,34), a fim de invocar o poder do Pai que nos criou para a comunicação e para a vida. Então, os ouvidos se abriram e a língua se soltou para a comunicação transcendental e fraternal. O toque nos ouvidos e bocas dos eleitos é acompanhado das palavras: "*Efatá*, isto é, abre-te, a fim de proclamares o que ouvistes para o louvor e a glória de Deus".

Aquele toque que Jesus realizou para abrir os ouvidos e soltar a língua do surdo-mudo continua a ser realizado sacramentalmente pela Igreja. Falar para Deus significa louvar. E é justamente isso que a humanidade precisa fazer, mas está em grande parte impedida porque não

---

[7] Ritual do Batismo de Crianças, 159.

sabe e nem consegue escutar Deus. O que se escuta é o ruído do pecado. E esta surdez em relação à palavra divina repercute também na escuta da palavra humana. Escutar o próximo não é usual em um mundo vazio, amedrontado e agressivo. É preciso, antes, libertar-se do pecado. Por isso mesmo, antes de *efatá*, o perdão dos pecados é dado como graça sacramental do Batismo.

Então, podemos dizer que o Batismo opera a abertura sacramental dos ouvidos para que se inicie o processo de acolhimento de Cristo até a mesa da refeição sacramental; em outras palavras, que o ser humano possa ingressar no mistério pascal. Normalmente, depois que ouve o toque do hóspede pedindo entrada, o hospedeiro, antes da abertura da porta, diz claramente que deseja ao hóspede entrar.

Esta abertura de ouvidos se dá evidentemente depois da "travessia das águas" pelo mergulho regenerador do Batismo. Trata-se, portanto, de um rito de passagem.

O Batismo, como rito de passagem, usa um dos elementos naturais mais simpáticos, que é água sob controle numa fonte, numa cascata, num córrego, numa piscina ou mesmo no mar para quem olha da praia. Quem não se encanta e se atrai com a beleza murmurante da fonte ou o azul da piscina? Uma piscina tem aparência da imensidão do mar, mas está como que em nossas mãos, oferecendo-se humildemente e, por isso, não significa nenhum perigo, a não ser para quem não saiba nadar. Mas o cristão é um nadador profissional, um ser que enfrenta os mares para atingir o porto da paz. Tem saudade do que nunca viu, mas que está na base do seu ser e, por isso, vive buscando este lugar que pressente como um reino de harmonia e paz. O fascínio pela água, como um dos quatro elementos que compõem a realidade da vida, torna-se a melhor metáfora para expressar o fascínio da criatura pelo seu Criador. E, num mundo pós-moderno, onde o prazer pelo prazer tornou-se o canto da Iara[8] que

---

[8] "Iara ou Mãe d'água, personagem feminina da mitologia indígena brasileira, a cujos encantos ninguém resiste. Quem a vê nos rios, lagos e igarapés amazônicos é irremediavelmente atraído por sua beleza e seu canto mavioso, e levado para o fundo das águas. Temerosos dos olhos verdes e dos cabelos cor de ouro da Iara, os índios afastavam-se dos lagos e dos rios ao cair da tarde, certos de que, vendo-a, serão dominados pelo seu encanto". *Grande Enciclopédia Larrousse Cultural*. São Paulo: Nova Cultural, p. 3051.

leva fatalmente para o fundo das águas, o toque de Jesus nos ouvidos abre esse sentido para a escuta daquela palavra que constitui a única beleza que salva, porque vem de Deus. Interessante, que para os índios, o cuidado maior era não escutar o canto da Iara (palavra), porque se o fizessem seriam fatalmente atraídos pelo anseio de vê-la, e aí tudo estava perdido, indo parar para sempre no fundo das águas.

A abertura de ouvidos dá ao cristão uma capacidade dupla para ouvir tanto o murmúrio doce da harmonia de Deus como o grito do seu semelhante sufocado pela dor. O fato de deixar de ser surdo acomoda e incomoda ao mesmo tempo. Se o fascínio da Iara é uma arapuca para tornar o ser humano prisioneiro da morte, o canto da liturgia é um chamado para Deus e para a vida. É certo que o Batismo nos leva para as águas a fim de matar a morte. Por isso somos devolvidos à vida com o resplendor da liberdade cristã.

Crisma: a abertura do coração

A abertura da porta, depois da abertura dos ouvidos, pode ser comparada à abertura do coração que se processa pelo sacramento da Crisma. É uma atitude típica da nova criatura, renascida pelas águas batismais. A surdez desapareceu e a língua soltou-se; agora o cristão começa a falar e agir. Sua primeira atitude é abrir a porta para o Cristo entrar em sua casa. Um ser cordial, tomado pelo dom da palavra (oração), tem todas as condições de acolher seu ilustre hóspede e com ele realizar um encontro que levará à mesa da refeição pascal.

Porém, para suscitar as disposições para se falar e agir, é necessário que haja estímulos amorosos, que, no caso da criança, são normalmente emitidos pelos pais. Sem estas atitudes de atenção, o ser humano estagna, comprometendo seu crescimento. Tende à depressão e ao marasmo. O amor é fundamental, embora, muitas vezes, se pense que basta alimentação adequada, vestimenta e proteção mínima, para alguém se sentir amado. Os afetos têm um papel muito importante. Os desafetos podem bloquear totalmente a vida da pessoa. Quando não se consegue fazer uma boa elaboração da dimensão afetiva, tantos valores são jogados para o alto e, muitas vezes, se vive completamente desnorteado.

Então, pode-se dizer que a Crisma é o sacramento do derramamento do Amor de Deus, para nos estimular a amar e agir. Esse amor, derramado no Batismo, encontra na Crisma o seu "vínculo de perfeição" (cf. Cl 3,14), ou seja, seu aperfeiçoamento. Como expressa o Papa Paulo VI, na Constituição Apostólica sobre o Sacramento da Confirmação, "a participação na natureza divina, que é dada aos homens pela graça de Cristo, apresenta certa analogia com a origem, o desenvolvimento e o sustento da vida natural".[9] Nas palavras "origem", "desenvolvimento" e "sustento", encaixam-se respectivamente os três sacramentos da Iniciação Cristã: Batismo, Crisma e Eucaristia. Portanto, a Crisma é o sacramento do desenvolvimento cristão. E como já dito acima, o desenvolvimento da pessoa humana depende exclusivamente da intensidade do amor que consiga captar e dar no decorrer da vida. Então, a Crisma é o sacramento do amor, em vista do desenvolvimento cristão. Em outras palavras, é o amor que estimula ao crescimento espiritual.

A Crisma é um sacramento que tem um vínculo especial com o Espírito Santo, enquanto dom de Amor de Deus para fomentar as disposições para a luta e, até mesmo, para a alimentação espiritual, que é, sobretudo, a Eucaristia. Portanto, a Crisma corresponde espiritualmente aos estímulos que a criança recebe por meio do carinho dos adultos. O neobatizado ou neófito é como uma criança recém-nascida, que necessita de acolhimento e ternura. Quando a mãe a coloca no regaço do seu seio, ela tem o primeiro contato do verdadeiro acolhimento nesta terra. Assim, a mesma Igreja que dá à luz aos seus filhos por meio do Batismo, pela Crisma os acolhe no seu regaço materno, pois o crismado, "marcado pela mão do bispo com o óleo perfumado, o batizado recebe um caráter indelével, sinal do Senhor, juntamente com o dom do Espírito Santo, que o configura mais perfeitamente ao Cristo e lhe confere a graça de difundir o 'bom odor' entre os homens".[10] É, portanto, uma atitude de extrema leveza e carinho.

Para a Crisma, a leveza do gesto da imposição das mãos combinado com a unção do óleo perfumado do crisma compõe este quadro de delicadeza que estamos descrevendo.

---

[9] Ritual da Confirmação, p. 9.
[10] Ritual da Confirmação. Introdução, n. 9

Com a delicadeza com que a mãe abraça e acolhe o seu filho, Deus nos acaricia com o sacramento que nós concede o Espírito Santo, enquanto dom. Esta analogia ajuda a compreender a diferença dos efeitos sacramentais do Espírito Santo no Batismo e na Crisma. Ali, recebemos de Deus a graça do renascimento, aqui, a graça do acolhimento.

Já vimos também que o amor de Deus é *ágape*. É um amor perfeito e pleno, que nos é doado no rito da Confirmação:

O sacramento da Confirmação é conferido pela unção do crisma na fronte, feita com a imposição da mão e as palavras: RECEBE, POR ESTE SINAL, O ESPÍRITO SANTO, O DOM DE DEUS.[11]

O toque na fronte é, por natureza, delicado e respeitoso, pois a fronte é o símbolo da pessoa e da sua determinação. É um gesto muito pessoal, mas não inspira nada que não seja puro e belo, como o beijo na fronte é completamente desprovido de qualquer caráter carnal. Assim, Deus nos toca na fronte com o óleo perfumado do crisma para nos mostrar o seu amor infinito e belo pelo ser que ele criou.

O perfume do crisma é mais um elemento que aprofunda a delicadeza do gesto. O agradável odor de Cristo perpassa todo o ser daqueles que se iniciam na vida cristã. O odor agradável é sempre suave e acolhedor. Toca-nos de forma delicada e nos atrai, a partir da delicadeza de suas proteínas que o vento espalha como notícias boas, levando alegria e paz. Aqui está mais um sinal de que a liturgia é um movimento que se expande interiormente, propiciando o encontro. As atitudes e as palavras de um crismado são firmes, mas ternas, mesmo nos momentos de luta. Assim, o cristão nunca se esquece de que a ternura é um elemento fundamental na sua vida. Quando se perde a ternura, perde-se a essência da vida, pois o amor se esvai como água pelos dedos. A configuração a Cristo, que a Crisma aperfeiçoa, significa também a configuração à sensibilidade do coração do Senhor.

Já a imposição das mãos que acompanha a unção é também expressão da delicadeza de Deus para conosco. Além de significar transmissão

---

[11] Ritual da Confirmação. Introdução, n. 9

de missão, demonstra o carinho de quem confia, a ponto de entregar uma missão sem reservas. Portanto, impor as mãos é um gesto sublime de carinho e ternura, desprovido de toda violência ou grosseria.

Assim, Deus, por meio do segundo sacramento da Iniciação Cristã, demonstra sua forma de nos atrair para si. É com o toque de leveza e com o óleo perfumado que demonstra o seu amor para conosco.

Eucaristia: a ceia íntima e cume do encontro com o Senhor

Para a Eucaristia, o que podia ser mais delicado, belo e saboroso do que o pão partido docemente pelas mãos humanas? Na fração do pão, o ministro coloca seu dom de gentileza e nobre simplicidade. Quando se parte o pão com amor, percebe-se a olho nu, como nossas mães o faziam para repartir com os filhos o único pão que era alimento de todos e de todos os dias.

Da mesma forma, o pão que se parte na Missa é o nosso alimento de todos os domingos para todos os filhos de Deus. A Igreja, que o parte, por meio do ministro ordenado, é a mãe que alimenta seus filhos com o corpo e o sangue do Senhor. Por isso, o gesto da "fração do pão" é sumamente delicado e belo, mesmo que feito com apenas pequenas hóstias.

E ainda o vinho! Só Deus podia ter inspiração tão nobre, a ponto de escolher o vinho como um dos elementos materiais para se transubstanciar em bebida de salvação, a mais nobre das bebidas, que é considerada na maior parte do mundo como alimento e não bebida alcoólica. Suprema delicadeza! É sangue, mas tem o agradável *buquê* e o delicioso sabor do vinho.

À guisa de conclusão

Pelos sacramentos da iniciação cristã somos configurados a Cristo porque somos configurados ao ser de Deus, que é puro *ágape*. Segundo Xavier Zubiri, São Paulo expressa a prioridade do amor de Deus revelado em Jesus Cristo em três conceitos:

a) Cristo é o começo de tudo, pois tudo foi criado por ele;

b) Cristo é o fim de tudo, pois tudo foi criado para ele;

c) Cristo é o fundamento de tudo, pois tudo se sustenta nele.[12]

Os ritos cristãos processam uma morte simbólica, a fim de que os celebrantes entrem em comunhão com o mistério pascal. Essa morte ritual é também símbolo de uma morte existencial operada na esfera espiritual. Trata-se genericamente da morte ao pecado na vida pessoal e comunitária.

A pascalidade sacramental-litúrgica pode ser visualizada sem dificuldade em todos os sacramentos e sacramentais, inspirada no texto litúrgico do Apocalipse: "Eis que estou à porta e bato: se alguém ouvir a minha voz e abrir a porta, eu entrarei em sua casa e cearei com ele e ele comigo" (Ap 3,20).

Nos sacramentos da iniciação, temos três momentos fundantes da pascalidade cristã: *estou à porta e bato* (mistério pascal), *se alguém ouvir a minha voz* (sacramento do Batismo) *e abrir a porta* (sacramento da Crisma), *eu entrarei em sua casa e cearei com ele e ele comigo* (sacramento da Eucaristia).

Ouvir a voz de Deus só pode ser por meio da fé. Por isso, o sacramento do Batismo é o sacramento da fé (abertura de ouvidos). Abrir a porta é um ato fundado na certeza de que se trata da visita de Deus (abertura de porta-coração). Por isso, é um ato de esperança, já que não nos é dada ainda a visão antecipada da realidade pós-porta (Crisma – sacramento da esperança). Por fim, o acolhimento do ressuscitado em nossa casa proporciona a ceia comum (Eucaristia – sacramento do amor).[13] Nesta ceia se processa a *abertura dos olhos* para o Ressuscitado. "Nisso os olhos dos discípulos se abriram e eles reconheceram Jesus. Jesus, porém, ficou invisível diante deles" (Lc 24,31).

Os sacramentos da iniciação cristã, por excelência, culminam com o *encontro* com o Senhor. Para isto, há um processo de morte e

---

[12] Cf. ZUBIRI, Xavier. El ser sobrenatural, cit., p. 198.

[13] Sobre a analogia dos três sacramentos da iniciação cristã com as três virtudes teologais, ler COSTA, Valeriano Santos. *A liturgia na iniciação cristã*. São Paulo: Ltr, 2008. pp. 65-85.

ressurreição celebrada simbolicamente e vivida existencialmente na pascalidade da abertura de ouvido, coração e olhos. A consciência do pecado é celebrada como afogamento do homem velho para que nasça o homem novo, o ser em Cristo. Na Crisma, se processa uma abertura de coração que só o Espírito Santo pode operar com os seus dons. A confiança em Deus (fé) é munida de outros dons para que a esperança nos proporcione uma vida coerente com a fé, mesmo não tendo ainda a posse das realidades celestes (pós-porta). Para tanto, é preciso que morra o homem fechado em si mesmo (abertura de porta) e renasça o ser missionário e voltado para fora na dimensão do acolhimento. Por fim, na Eucaristia morre o homem faminto para que nasça o homem nutrido de Deus e propenso ao amor (abertura de olhos).

Os sacramentos a serviço da comunhão

Nos sacramentos a serviço da comunhão, o processo pascal se faz igualmente presente. Uma vez instalados no coração de Deus, isto é, inundados do amor *ágape,* nossa vocação passa a ser o próprio amor. Esse amor se ramifica especialmente em dois sacramentos cuja natureza se volta para o serviço da comunhão. De alguma forma, todos os cristãos são chamados para desempenhar este serviço missão. Trata-se do sacramento do Matrimônio e da Ordem.

Ordem

O sacramento da Ordem, no seu contexto sacerdotal ou diaconal, caracteriza-se como um serviço ao povo de Deus, povo sacerdotal. A ordem sacerdotal, conferida aos bispos e presbíteros, é uma configuração ao Cristo Sumo Sacerdote da Nova Aliança. Segundo a Carta aos Hebreus, Jesus, "embora fosse Filho, aprendeu, contudo, a obediência pelo sofrimento; e, levado à perfeição, se tornou para todos os que lhe obedecem princípio de salvação eterna, tendo recebido de Deus o título de sumo sacerdote, *segundo a ordem de Melquisedec*" (Hb 5,9-10).

Então o título de sumo sacerdote foi oferecido por Deus a Jesus por causa da obediência que lhe custou um alto grau de sofrimento, mas lhe conferiu também a perfeição que era esperada de todo sumo sacerdote. Ressalta o texto que Jesus não é como os sacerdotes da Antiga Aliança, mas seu sumo sacerdócio é segundo a ordem de Melquisedec, essa figura lendária e inusitada que surge diante de Abraão trazendo pão e vinho para oferecer um sacrifício de louvor e abençoar a vitória do Patriarca da fé sobre muitos reis, desaparecendo logo depois (Gn 14,18-20). "Sem pai, nem mãe, nem genealogia, sem começo de dias, nem fim de vida! É assim que se assemelha ao Filho de Deus, e permanece sacerdote eternamente" (Hb 7,3). Selava, dessa maneira, a boa palavra de Deus a respeito da vitória de Abraão, que ajudou a firmar o povo de Deus. Assim, Melquisedec se tornou o símbolo do sacerdócio cristão, sugerindo uma origem divina, gratuita e serviçal. No entanto, era rei de Salém, que significa "paz", prefiguração perfeita do Cristo glorioso, sumo sacerdote para sempre.

Então, Jesus foi feito Sumo Sacerdote pela obediência ao Pai, cuja expressão máxima foi o sacrifício da Cruz, mas seu reinado sacerdotal permanece para sempre no estado do Cristo atual, que é o Ressuscitado. O Sacerdócio judaico era um sacerdócio humano e carnal, pois, como diz Albert Vanhoye, "estava regulado pela 'lei de prescrição carnal', isto é, uma lei de transmissão hereditária, que o vinculava à genealogia e também às limitações da existência carnal".[1] Portanto, era um sacerdócio pesado e falível. Já o sacerdócio de Cristo é vivo e eterno, extremamente leve. É assim que a liturgia celebra uma realidade dramática sob a espessura da suprema leveza da glória. Por isso a liturgia é uma celebração tão plena de significado e tão leve de se realizar. Não há ação mais bela neste mundo do que a ação litúrgica vivida em profundidade. O sacerdócio comum dos fiéis, animado pelo sacerdócio ordenado, se torna uma ação profundamente leve e restauradora, pelo fato mesmo de se tratar de um sacerdócio eterno e imortal, eficaz e transformador. Deixar-se envolver pelo Cristo sacerdote é uma experiência de indizível beleza e arte.

Quando o rito litúrgico começa, a assembleia sente uma força misteriosa que a toca delicadamente no coração e na alma. É a graça sacerdotal atuando por força do Redentor, o Ressuscitado, cujo Espírito atua em cada batizado. Não há outra explicação para um fenômeno que faz de qualquer leigo um agente vivo, que interage com esta força divina e sacerdotal, que já começa a atuar quando os cristãos partem em suas romarias para os santuários ou quando qualquer pessoa sai de sua casa bem disposta para celebrar o dia do Senhor, por exemplo. É sair do cotidiano e caminhar para o santuário subindo ao Tabor. Isso não seria possível, se não fosse o dom sacerdotal que Jesus Cristo nos concedeu, por meio do seu sacrifício pascal na Cruz.

Outro elemento importante é o sentimento de corpo que se apossa das pessoas que se reúnem para celebrar o mistério pascal. Isto é transmitido pelo sacerdócio de Cristo aos fiéis. Por isso mesmo a celebração litúrgica se realiza enquanto assembleia. Nada mais triste e trágico do que a solidão no momento de comunhão sacerdotal. E a teologia que explica isto está muito bem explícita na oração eucarística: "E quando recebermos Pão e Vinho, o Corpo e Sangue dele oferecidos, o Espírito nos una num

---

[1] VANHOYE, Albert. *Sacerdotes antigos e sacerdote novo segundo o Novo Testamento*. Santo André: Academia Cristã, 2006. p. 260.

só corpo, para sermos um só povo em seu amor" (Oração Eucarística V). Esse corpo é o corpo do Cristo ressuscitado, pois, "por sua paixão e ressurreição, Cristo adquiriu a capacidade de reunir, em um organismo único, que é seu corpo glorificado, todos os homens que aderirem a ele".[2] Por isso agora não só o sumo sacerdote judaico entra no tabernáculo, mas todo o Povo de Deus pode fazê-lo, como diz a Oração Eucarística II: "e vos agradecemos porque nos tornastes dignos de estar aqui e vos servir". Acabou-se, portanto, aquela separação ritual que distanciava as pessoas comuns dos sacerdotes do Antigo Testamento. Reina agora o sentido da comunhão, pois o que nos separa não é mais os preceitos rituais, mais a rejeição ao Verbo de Deus. Em Cristo todos se encontram, pois ele é o Mediador, que desceu até o mais profundo da miséria humana, para fazer desaparecer esta miséria, graças à sua oração suplicante e dolorosa. Nele nasce o homem novo, perfeitamente unido ao Pai e aos seus irmãos. Assim, em Cristo se efetuou a mediação entre o nível mais baixo da miséria humana e os cumes inalcançáveis da santidade divina.[3]

Trata-se, portanto, do serviço sacerdotal, ao qual o sacramento da Ordem está voltado como uma missão: levar todos os filhos de Deus aos Santos dos Santos do Novo Testamento, que é o altar da Eucaristia. Então o sacramento da Ordem está a serviço do sacerdócio batismal, "já que a função do sacerdote consiste em abrir essa possibilidade do encontro autêntico com Deus [...]".[4]

De tudo o que temos dito sobre a liturgia enquanto encontro com Deus, aqui apontamos um elemento importante, que nasce do Batismo, mas se articula no sacramento da Ordem, enquanto serviço a todos os filhos de Deus, que devem conhecer esse mistério e fazer parte dele.

No sacramento da Ordem, seja na dimensão sacerdotal ou diaconal, se serve a si mesmo para nascer o servidor do outro, na linha do pastoreio. Nesta perspectiva, devem-se também incluir todas as vocações consagradas na Igreja. Portanto, só pode ser chamado a este tipo de vocação o iniciado na fé, porque tem ouvidos, olhos e coração abertos para ouvir,

---

[2] Ibid., p. 311.
[3] Cf. ibid., pp. 224-225.
[4] Ibid., p. 329.

ver e acolher o clamor do outro, de tal forma que seja capaz de deixar tudo para seguir Jesus Bom Pastor: "Ao ver a multidão teve compaixão dela, porque estava cansada e abatida como *ovelhas sem pastor*. Então, disse aos discípulos: a colheita é grande, mas poucos os operários! Pedi, pois, ao Senhor da colheita que envie operários para a sua colheita" (Mt 9, 36-38).

Matrimônio

Também o matrimônio se constitui como um serviço à comunhão. É um ramo do sacerdócio batismal que busca servir a Deus, por meio do serviço conjugal, na construção da família. É uma ação entre um homem e uma mulher para melhor servirem à comunhão da Igreja e ao bem do mundo. A fim de que os dois sejam uma só carne (Mt 19,5), a individualidade personalista morre para que nasça a comunhão voltada ao serviço. Portanto, o sacramento da Ordem e o sacramento do Matrimônio têm uma característica comum: um casamento que visualiza a relação de Cristo e sua Igreja, cuja comunhão (comum união) seja capaz de atravessar a morte. Assim como o Bom Pastor morre por suas ovelhas (ordem), o Esposo morre pela esposa (matrimônio).

O amor esponsal é uma manifestação madura do amor de Deus. Está tomada de delicadeza e fé. É a mais bela atualização da Aliança que Deus realizou com o seu povo, pois "o Matrimônio é constituído pelo pacto conjugal, ou seja, o consentimento mútuo e irrevogável, mediante o qual os cônjuges se doam e recebem mutuamente".[5] Aí está a dimensão mais bela do pacto conjugal que o Sacramento do Matrimônio celebra. Não se trata somente de dar, mas de dar e receber mutuamente. Isso levado à plenitude constitui uma feliz metáfora da eternidade.

O dar e receber supõe finura e delicadeza, pequenos gestos que somente os enamorados entendem. Neste sentido, o matrimônio não é a ruptura do namoro, mas a sua perpetuação na vida conjugal. Casamento que abafa o namoro é revelação de um namoro ruim ou superficial, uma relação carnal e não espiritual, falso amor. A teologia que sustenta esta

---

[5] Ritual do Matrimônio. Introdução Geral, 1.

afirmação é a comunhão que faz desaparecer o elemento plural, expresso pelos dois, para dar lugar a uma só carne. De certa forma, o matrimônio cura a separação que o pecado estabeleceu no mundo, junta os dois pedaços do símbolo para criar uma nova realidade: o casal. Dessa feita, quando as duas criaturas se unem em matrimônio, toda a criação renasce e, encantada pela liturgia matrimonial, esquece que houve a separação entre o ser humano e Deus.

Então, o matrimônio é um supremo ato de santidade. A tradição do vestido branco da noiva lembra a veste batismal que recebemos no primeiro sacramento da iniciação Cristã, o Batismo. Reflete também a veste nupcial do Banquete escatológico, presidido pelo Cristo, o Cordeiro imolado.

A marcha em direção do altar diante do qual os noivos farão suas juras simboliza a caminhada de todo o povo de Deus em busca da Terra Prometida. É a noiva em busca do seu Esposo, que a aguarda para tomá-la pelo braço e fazer com ela uma caminhada feliz. Eles vão firmar uma aliança para toda a vida, como diz a oração dos ritos iniciais do matrimônio.

Belas leituras são proclamadas com a riqueza e diversidade que o rito do Matrimônio proposto pelo Concílio Vaticano II apresenta. Sem dúvida a Carta aos Efésios, na qual se salienta que o amor conjugal é um grande mistério (cf. Ef 5,32), é de grande pertinência. Seja numa comunidade mais abastada ou mais simples, pode-se dizer que a celebração do matrimônio constitui a vitória da beleza sobre a feiura que invade o mundo.

O rito do consentimento é um elogio à comunhão e à sanidade no mundo. Com suas palavras belas e comprometedoras, ambos se recebem mutuamente, dizendo:

> Eu te recebo... por meu (minha) esposo(a)
> e te prometo ser fiel,
> amar-te e respeitar-te
> na alegria e na tristeza,
> na saúde e na doença,
> todos os dias da nossa vida.

Não existe coisa mais bela e delicada para se dizer numa hora desta. A fidelidade se traduz por respeito e amor em todos os momentos da vida, sobretudo aqueles mais difíceis, que são caracterizados pela tristeza e pela doença. Mas, para além destas horas de dor, há uma vida toda ou todos os dias da vida para serem vividos na comunhão respeitosa e fiel. Não pode alguém ter uma verdadeira imagem do Paraíso, se não conseguir viver neste mundo a felicidade conjugal.

Já com suas alianças, o casal recebe a bênção conjugal, onde se diz que o matrimônio é um ensinamento de que não se deve separar o que Deus uniu. Esta afirmação decorre de Gn 1,27, que relata que Deus criou o homem e a mulher unidos e não separados como o estado solteiro indica. Por isso o matrimônio cura esta separação e nem cabe aqui um comentário triste das separações matrimoniais como uma das grandes feridas do nosso tempo. Fica pior do que estava antes do matrimônio. Indica também o rito que a bênção matrimonial foi a única que não foi abolida por Deus depois do pecado, nem pelo castigo do pecado original nem pela condenação do dilúvio. Isto significa que Deus não deseja, de forma alguma, ver seus filhos caminhando neste mundo como meias metades, pedaços do que constituía um corpo maior. Deus não quer os seus filhos infelizes.

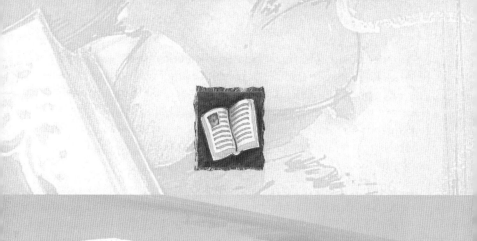

Os sacramentos de cura

Nos sacramentos de cura, também ocorre uma pascalidade da morte à vida. No sacramento da Penitência ou Reconciliação morre o pecador para renascer o homem com a veste batismal. No sacramento da Unção dos Enfermos morre o homem doente para renascer o homem curado. Se esta cura for definitiva, então se trata da Parusia e do encontro final à mesa do Senhor, na eternidade.

Unção dos Enfermos

A Unção dos Enfermos é um sacramento da Nova aliança, atestada pela Tradição da Igreja, que demonstra o delicado amor de Deus para conosco, sobretudo nos momentos em que estamos fragilizados.

Segundo a tradição romana, a unção era aplicada, até a Idade Média, nos sentidos do corpo.[1] Sem dúvida, a unção nos sentidos ressalta a sensibilidade humana, carente daquela harmonia que ajude a superar a doença ou atravessar com serenidade o último vale desta vida. Se, de um lado, os sentidos do corpo nos levam a pecar, de outro, são também as janelas pelas quais o amor de Deus entra em nossa alma. E, "na verdade, aquele que adoece gravemente necessita de uma graça especial de Deus, a fim de que, premido pela ansiedade, não desanime, e, submetido à tentação, não venha a perder a própria fé".[2]

Não mais como sacramento dos agonizantes, mas dos que se encontram em qualquer perigo de vida, a Unção dos Enfermos tornou-se um jubiloso anúncio da vida que brota do mistério pascal de Cristo. Pode-se repeti-la quantas vezes for necessário. Ela simboliza Cristo, que visitou e curou os doentes ao longo da sua vida terrena, e continua agora, como Ressuscitado, a estimulá-los a lutar contra a doença e procurar o tesouro da saúde. Isso faz do ser humano um soldado do Reino de Deus, "contanto que esteja sempre preparado para completar o que falta aos sofrimentos de Cristo pela salvação, esperando a libertação da criatura na glória dos filhos de Deus (cf. Cl 1,24; Rm 8,19-21)".[3]

---

[1] Cf. PAULO VI. *Constituição Apostólica sobre o Sacramento da Unção dos Enfermos*. p. 10.

[2] Introdução do Rito de Unção dos Enfermos, p. 5.

[3] Introdução do Rito de Unção dos Enfermos, p. 3.

A Unção dos Enfermos nos traz o carinho de Deus nas horas mais difíceis da vida. É o canto novo que faz cair as barreiras que tolhem a liberdade do ser humano, curando-o da dor e do desespero. Canto que Deus mesmo vem cantar aos nossos ouvidos, como uma mãe acaricia o filho ao colo, para que ele se console e adormeça em paz. E no seu sono continue em forma de sonho a sentir a força deste canto que lhe traz tanta segurança e sossego, para poder, mais tarde, acordar com um sorriso que ilumine o próprio olhar da mãe.

Lembra a cena do filme *Shawshank Redemption*, intitulado em português *Um sonho de liberdade*,[4] em que os protagonistas são *Andy Dufresne* (Tim Robbins) e *"Red" Reeding* (Morgan Freeman). Dufresne protagoniza uma situação em que a liberdade pode ser construída dentro das muralhas de uma prisão, a prisão de Shawshank, no Maine, Estados Unidos.

A cena referida é inédita, pois mostra que a música de qualidade, num ambiente grotesco e cinzento, pode ser uma Boa-Nova de redenção. Dufresne, depois de ter conseguido certos privilégios por serviços prestados às autoridades corruptas de Shawshank, à revelia, faz soar para toda a prisão a voz clássica de duas cantoras italianas, o que deixa todos os prisioneiros paralisados e absortos pelo encanto de uma atração irresistível. Era a atração divina da música, que paralisava todos os movimentos corporais para colocar em exercício máximo os ouvidos, que a acolhiam como se acolhe um hóspede esperado durante a vida toda. Esta música exerce um fascínio sobre a alma do ser humano, mesmo dos que se tenham deixado embrutecer e recusem a apreciar a verdadeira música, não aquela que instiga os instintos, mas a que chega ao íntimo da alma como uma companheira que traz consigo a libertação.

Mesmo os que estavam na enfermaria se levantam para ouvir aquela melodia divina. O efeito de uma música clássica daquela natureza jamais teria sido conseguido com os shows que sempre se fazem numa prisão. Aquela música era divina, tocava o ser humano na sua alma e aliviava suas feridas, mesmo que por momentos tão breves. Por um momento, a beleza invadiu aquele lugar, que, por natureza, é um dos mais feios do mundo. E a beleza sempre salva.

---

[4] EUA, 1994.

E em nossa opinião, aquele foi o momento da redenção em Shawshank. O monólogo dos pensamentos de Dufresne, que transcorre enquanto o diretor da prisão e os guardas arrebentam a porta da sala de controle do som, para acabar com aquela "farra" de libertação, explica melhor esta afirmação.

— Não faço a mínima ideia do que aquelas duas italianas estavam cantando. Na verdade, nem quero saber. É melhor não tentar explicar tudo. Quero imaginar que seja algo tão belo, que não pode ser expresso em palavras e faz seu coração se apertar com a música. Aquelas vozes voaram mais alto e mais longe do que se pode imaginar num lugar cinzento. Era como um belo pássaro que voou para nossa gaiola e fez os muros se dissolverem e, pelo mais breve momento, cada homem de Shawshank se sentiu livre.

Usamos esta referência como uma metáfora da salvação que a Unção dos Enfermos, enquanto simboliza o canto novo que o próprio Deus, de forma sacramental, vem cantar aos nossos ouvidos, colocando-nos de pé. É um canto que realmente consola e cura.

A oração da bênção do óleo externa estas afirmações.

Ó Deus, Pai de toda consolação,
que pelo vosso Filho
quisestes curar os males dos enfermos,
atendei à oração da nossa fé:
enviai do céu o vosso Espírito Santo Paráclito
sobre este óleo generoso,
que por vossa bondade a oliveira nos fornece
para alívio do corpo,
a fim de que pela vossa santa bênção
seja para todos que com ela forem ungidos
proteção do corpo, da alma e do espírito,
libertando-os de toda dor,
toda fraqueza e enfermidade.[5]

---

[5] Rito de Unção dos Enfermos, p. 40.

E o canto novo que Deus canta aos nossos ouvidos continua nos seus melhores acordes, quando o ministro faz o rito da sagrada unção, tocando com delicadeza maternal a fronte e as mãos do enfermo, enquanto profere estas palavras:

> Por esta sagrada unção
> e pela sua infinita misericórdia,
> o Senhor venha em teu auxílio
> com a graça do Espírito Santo,
> Amém.
> para que, liberto dos teus pecados,
> Ele te salve
> e, na sua bondade,
> alivie os teus sofrimentos.
> Amém.[6]

E o canto se conclui com a oração específica da cura:

> Curai, Redentor nosso,
> pela graça do Espírito Santo,
> os sofrimentos deste enfermo.
> Sarai suas feridas, perdoai os seus pecados,
> e expulsai para longe dele
> todos os sofrimentos espirituais e corporais.
> Concedei-lhe plena saúde de alma e corpo,
> a fim de que, restabelecido pela vossa misericórdia,
> possa retomar as suas atividades.[7]

Evidentemente, esta oração supõe a possibilidade de cura e de retomada da vida cotidiana. No caso em que a vida esteja por um fio, como na avançada idade, ou haja sinais claros de morte iminente, como a agonia visível, as orações são adaptadas para tais situações, de tal forma que representem sempre a mão acariciante de Deus e sua voz cantando aquela melodia que ajuda a atravessar o vale escuro da morte: "compadecei-vos do vosso servo, debatendo-se na última agonia".

---

[6] Rito da Unção dos Enfermos, p. 42.
[7] Rito da Unção dos Enfermos, p. 44.

Então, como sinal visível do amor de Deus, o sacramento da Unção dos Enfermos, sobretudo quando pode ser celebrado no chamado *rito contínuo*, isto é, na ordem dos três sacramentos que nos preparam para o encontro final com Deus: a Reconciliação, a Unção e o Viático, certamente proporcionará o canto mais belo que no decorrer de toda a vida, coroando a existência humana neste mundo como uma trajetória triunfal, que reserva para os últimos momentos o que há de mais belo no canto novo que o cristão entoa ao longo da sua vida.

Reconciliação

Deixamos por último o sacramento da Reconciliação, porque ele é a cura que os batizados podem buscar em todas as suas quedas. Sejam manchas de sangue ou da fuligem da vida que segue seu percurso sem se lembrar de Deus, é preciso retomar a veste branca do Batismo para seguir a marcha nupcial em direção do Esposo que aguarda a sua esposa para tomá-la pelo braço para levá-la consigo para sempre.

O grande conteúdo deste sacramento é o perdão divino, revelador do amor que Deus tem pelas suas criaturas. Se Deus não perdoasse, poder-se-ia duvidar do seu amor. É uma das liturgias mais lindas que a Igreja celebra até o fim da história. Uma palavra de Jesus que não poderia faltar é: "Vinde a mim todos os que estais cansados sob o peso do vosso fardo e eu vos darei descanso" (Mt 11,28).

O sacramento da Reconciliação sela um encontro do pecador com o seu Redentor, que o espera para dar-lhe um carinhoso abraço depois de ouvir sua sincera confissão, marcada pelo arrependimento e pela vontade de libertar-se da culpa. Se há também necessidade da penitência é porque o vício do pecado precisa de mais tempo e trabalho para ceder. É como uma ferida, que precisa de cura e cuidado com remédios apropriados. Mas o que dá início e condições para tal cura é a reconciliação que Deus não tarda a oferecer ao pecador arrependido.

Aqui está o grande senso de delicadeza que o amor inspira neste sacramento maravilhoso que a Igreja de Cristo realiza para ajudar os seus filhos a se levantarem alquebrados pelo pecado.

O povo de Deus, quando sai em romaria, já começa a sua penitência em vista da purificação, que significa a entrada no santuário, lugar sagrado de reconciliação. Voltar do Santuário reconciliado com Deus é uma satisfação que justifica todos os sofrimentos e perigos dos caminhos que levam ao Santuário. É refazer a amizade com Deus e entrar novamente naquela relação filial desejada por ele.

A fórmula do rito da absolvição sacramental é dotada de uma maravilhosa beleza:

> Deus, Pai de misericórdia,
> que, pela morte e ressurreição de seu Filho,
> reconciliou o mundo consigo mesmo e enviou o Espírito Santo
> para a remissão dos pecados,
> te conceda, pelo ministério da Igreja,
> o perdão e a paz.
> *E eu te absolvo dos teus pecados,*
> *em nome do Pai, do Filho e do Espírito Santo.*

Esta oração faz memória de toda a criação, ao lembrar que Deus, o Criador, reconciliou este mundo consigo mesmo pelo mistério pascal do seu Filho, enviando o Espírito Santo para a remissão dos pecados. Em outras palavras, lembra que o Espírito de Jesus, que morreu e ressuscitou pela reconciliação de toda a criação, está atuando para que a reconciliação sacramental mostre a misericórdia de Deus naquela situação concreta, concedendo o perdão e a paz. Este sacramento nos ensina que não existe paz sem perdão e não existe perdão sem misericórdia.

Deus é delicado porque ama. Esta mesma delicadeza deve envolver toda a nossa vida, dos pequenos aos grandes gestos. É preciso trazer de volta o respeito e a delicadeza que se perderam num mundo sem ética e amor. A liturgia da Igreja é um grande raio de luz para ajudar o mundo a encontrar a paz.

É preciso curar o mundo doente e agonizante. Só o amor de Deus pode fazê-lo.

Bibliografia

ARAÚJO, José Luís; BOGAZ, Antônio S. Fé em Deus e pé na estrada; sonhos e esperanças dos peregrinos do Santuário de Aparecida. In: COSTA, Valeriano Santos (org). *Liturgia*; peregrinação ao coração do mistério. Livro comemorativo dos vinte anos da Associação dos Liturgistas do Brasil – ASLI. São Paulo: Paulinas, 2009. pp. 101-126.

BENTO XVI. *Exortação pós-sinodal* Sacramentum caritatis. São Paulo: Paulus, 2007.

BOROBIO, Dionisio. *La iniciación cristiana*; Bautismo. Educación familiar. Catecumenado. Confirmación. Comunidad Cristiana. Salamanca: Ediciones Sígueme, 2001. p. 208.

_____. Da celebração à teologia; o que é um sacramento. In: *A celebração na Igreja 1*. São Paulo: Loyola, 1990.

BOTTE, Bernard. *La tradition apostolique de Saint Hippolyte*. Münster: Wartfalen, 1989.

CHAUVET, Louis-Marie. Sacramento. *Dicionário crítico de teologia*. São Paulo: Paulinas/Loyola, 2004. pp. 1574-1582.

CONFERÊNCIA GERAL DO EPISCOPADO LATINO-AMERICANO E CARIBENHO, V, 2007, Aparecida. *Documento de Aparecida*; texto conclusivo. São Paulo: CNBB/Paulus/Paulinas, 2007.

COSTA, Valeriano Santos (org). *Liturgia*; peregrinação ao coração do mistério. Livro comemorativo dos vinte anos da Associação dos Liturgistas do Brasil – ASLI. São Paulo: Paulinas, 2009.

_____. *A liturgia na iniciação cristã*. São Paulo: Ltr, 2008.

_____. *Celebrar a Eucaristia*; tempo de restaurar a vida. São Paulo: Paulinas, 2008.

_____. *Viver a ritualidade litúrgica como momento histórico da salvação*; participação litúrgica segundo a *Sacrosanctum Concilium*. São Paulo: Paulinas, 2005.

FISICHELLA, R. Silêncio. In: MANCUSO, Vito. *Lexicon Dicionário Teológico Enciclopédico*. São Paulo: Loyola, 2003. p. 699.

FRONASARI, E.; TOMMATIS, G. *Commento della Bibbia litúrgica*. Milano: Paoline, 1986.

FROZONI, Giuliana; DWORAK, Krzystof. Cantos da Igreja da Lapa; a espiritualidade da romaria a partir dos benditos populares cantados pelos romeiros do Santuário do Bom Jesus da Lapa-BA. In: COSTA, Valeriano Santos (org). *Liturgia*; peregrinação ao coração do mistério. Livro comemorativo dos vinte anos da Associação dos Liturgistas do Brasil – ASLI. São Paulo: Paulinas, 2009. pp. 59-86.

GALLINO, Luciano (dir.). Sociologia da religião. *Dicionário de Sociologia*. São Paulo: Paulus, 2005. pp. 540-550.

GALOPIN, Pierre-Marie. Buscar. In: LÉON-DUFOUR, Xavier (org.). *Vocabulário de Teologia Bíblica*. Petrópolis: Vozes. (Col. 114-115.)

GOENAGA, José Antonio. A vida litúrgico-sacramental da Igreja em sua evolução histórica. In: BOROBIO, Dionisio. Da celebração à teologia; o que é um sacramento. *A celebração na Igreja I*. São Paulo: Loyola, 1990. pp. 283-421.

JACOB, Cesar Romero. *Atlas da filiação religiosa e indicadores sociais no Brasil*. São Paulo/Rio de Janeiro/Brasília: Loyola/ Editora PUC/CNBB, 2003.

LEON-DUFOUR, Xavier. Repouso. In: LÉON-DUFOUR, Xavier (org.). *Vocabulário de Teologia Bíblica*. Petrópolis: Vozes. (Col. 879-882.)

LIBÂNIO, João Batista. Itinerário da fé hoje a propósito da teologia da fé. *O itinerário da fé na "Iniciação Cristã de Adultos"*. São Paulo: Paulus, 2001. (Estudos da CNBB 82, pp. 296-331.)

LUTZ, Gregório. Liturgia "fria" ou "quente". In: COSTA, Valeriano Santos. *Liturgia;* peregrinação ao coração do mistério. São Paulo: Paulinas, 2009. pp. 161-170.

MARDONES, José María. *A vida do símbolo*; a dimensão simbólica da religião. São Paulo: Paulinas, 2006.

MISSAL Romano. Restaurado por decreto do Sagrado Concílio Ecumênico Vaticano II e promulgado pela autoridade do Papa Paulo VI. Tradução portuguesa da segunda edição típica para o Brasil, realizada e publicada pela Conferência Nacional dos Bispos do Brasil, com acréscimos aprovados pela Sé Apostólica. São Paulo: Paulus, 1993.

MONTEIRO, Mário Ypiranga. *Culto e festas de santos e festas profano-religiosas*. Manaus: Imprensa Oficial, 1983.

PAULO VI. Constituição apostólica *Laudis canticum*. In: Ofício Divino renovado conforme decreto do Concílio Vaticano II e promulgado pelo Papa Paulo VI. *Liturgia das Horas segundo o rito romano*. São Paulo: Vozes/Paulinas/Paulus/Ave Maria, 1999. v. I.

PONTIFICAL Romano. *Ritual da Confirmação*. Edição típica em tradução portuguesa revista e atualizada e publicada pela Conferência dos Bispos do Brasil. São Paulo: Paulus, 1998.

PRADO JUNIOR, Caio. *Formação do Brasil contemporâneo*; colônia. São Paulo: Brasiliense: Edifolha, 2000. p. 335.

RITUAL Romano. *Ritual da Iniciação Cristã de Adultos*. Tradução portuguesa para o Brasil da edição típica. São Paulo: Paulus, 2001.

_____. *Ritual do Matrimônio*. Tradução para o português da segunda edição típica. São Paulo: Paulus, 1993.

_____. Ritual da Penitência. Tradução portuguesa para o Brasil da segunda edição típica. São Paulo: Paulus, 1999.

_____. *Ritual da unção dos enfermos e sua assistência pastoral*. Tradução portuguesa da edição típica para o Brasil dos Bispos do Brasil. São Paulo: Paulus, 2000.

_____. *Ritual do Batismo de crianças*. Tradução portuguesa para o Brasil da segunda edição típica com adaptações à índole do povo brasileiro. São Paulo: Paulus, 1999.

VANHOYE. Albert. *Sacerdotes antigos e sacerdote novo segundo o Novo Testamento*. Santo André: Academia Cristã, 2006.

ZUBIRI, Xavier. El ser sobrenatural; Dios y la deificación en la teología paulina. In: MUÑOZ, Guilhermina Díaz. *Teologia del mistério en Zubiri*. Barcelona: Herder, 2008.

Sumário

Prefácio 5
Celebrar o mistério pascal é entrar no movimento da vida 7
O encontro com Deus por meio da liturgia 17
A dinâmica dos símbolos na pascalidade litúrgica 23
A liturgia é a fonte de onde emana a força da Igreja 31
A liturgia é o cimo para o qual se dirige a ação da Igreja 39
O encontro sacramental com Cristo no coração da liturgia 47
A importância do encontro com Deus na liturgia da Igreja 59
A natureza do encontro enquanto delicadeza 67
Os sacramentos da iniciação: a suprema delicadeza de Deus 73
Os sacramentos a serviço da comunhão 85
Os sacramentos de cura 93
Bibliografia 101